U0932270

2020年中国旅游经济运行分析与2021年发展预测

CHINA'S TOURISM PERFORMANCE:
REVIEW & FORECAST (2020~2021)

中国旅游研究院

中国旅游出版社

《中国旅游经济蓝皮书 NO.13》
编委会

《中国旅游经济蓝皮书 NO.13》
编辑部

前　言

在过去的一年里，新冠肺炎疫情对旅游消费产生了前所未有的冲击，旅游需求侧出现了断崖式下降，旅游供给侧同时承受了生存、转型和创新的多重压力。从春节假期第一天开始，文化和旅游部贯彻“人民的生命安全和身体健康高于一切”的指示精神，及时将工作重心从“保障供给，繁荣市场”转向“停组团、关景区、防疫情”。旅游企业，特别是直接面向游客的旅行服务商率先承受了游客中途返程、行前退订和供应商压款的压力。尽管第二和第三季度有序放开了省内旅游和跨省旅游，但是从总体来看旅游经济还是呈现出低开高不走的格局，经过第一季度的极速下降、第二季度的底部盘整和第三季度的缓慢复苏，第四季度开始步入深度U型的右侧上升通道，恢复并巩固了环比增长的趋势。预计全年国内旅游人次和旅游收入同比下降五至六成，入出境旅游市场几乎全面停摆。回顾过去的一年，无论是旅游集团、上市公司、旅游景区、星级酒店、民宿，还是旅行社和小微型企业，特别是广大导游和一线员工，每个季度、每个月、每一天都过得极其不容易。在实地调研、数据生产、政策研究和报告撰写的365天里，我每时每刻在感同身受，万水千山之外都能看见大家努力前行的背影，都能听见你们同气连枝的气息。一次又一次的专题会议和公开演讲，一篇又一篇的理论文章和内部报告，只是想告诉同志们：**这是旅游业前所未有的大考，也是新发展阶段各行各业共同经历的考验，任何时候，我们都不是孤单的，国家和人民与我们同在。**

在过去的一年中，国民消费为基础的大众旅游从未消失，数字化驱动的智慧旅游一直在创新。哪怕是有组织的旅游活动全面停止的第一季度，散客出游和休闲消费仍然以本地、近程、自驾、研学等形式顽强地存在着。出不了远门，人们就在近程休闲，欣赏身边的美丽风景，体验日常的美好生活。参加不了旅行团，城乡居民就选择和家人一起自驾出行。中国旅游研究院（文化和旅游部数据中心）的专项调查表明，受访者对“疫情过后计划和谁一起出游”回答是：42%选择和家人一起出游，23%选择与好友结伴旅游，22%愿意和单位、班级、社团等集体出游，11%计划独自旅游或与驴友一起自助游。**散客化和自由行有效扩张了移动通信、互联网、大数据和人工智能的消费场景，进一步凸显了高端制造、高速铁路、高速公路、航空港在旅游与旅行产业链条中的支撑作用。**人们在出游前借助互联网收集目的地信息、预约体验空间、预订服务项目，在游程中扫码乘飞机、坐火车、进景区、接受无接触服务、完成支付和分享，在目的地体验无人机、现代光影技术、沉浸式演出所带来的视角冲击和生活享受。种种迹象表明，经过为期十年的概念导入和政府推动，加上这次疫情的倒逼和催化，一个终端消费驱动，现代产业导向的智慧旅游新时代已经走到了我们的面前。

在过去的一年中，旅游人主动担当，积极作为，在自救和互助中取得了可圈可点的成就，赢得了广泛的社会尊重。携程、飞猪、马蜂窝等线上旅行商推出了“无损退订”，凯撒、众信、春秋、广之旅等旅行社为保障游客的合法权益做了大量的工作。BOSS直播、微旅游、人生第一张机票、地球发现者、故宫以东·一见如故等新创意新线路新产品不断涌现。酒店、民宿等旅游住宿业，旅游景区、主题公园、旅游购物、交通和餐饮业，都在积极开展企业自救和行业互助工作。在文化和旅游系统、市场主体和社会各界的共同努力下，没有因为有组织的旅游活动而传播和扩散疫情，没有发生大面积的企业倒闭和员工失业，没有出现重大涉旅游安全事故和负面舆情。有了这些努力和成就，我有太多的理由为旅游人骄傲，你们无愧于这个波澜壮阔的时代。

在过去的一年里，党和国家一直倾听每个行业、每家企业、每名员工的声音，并采取务实有效的措施帮助企业纾困解难。本着普惠而非特殊、市场而非行政原则推出的财政和金融政策，对包括旅游业在内的“六保”“六稳”工作发挥了基础支撑作用。文化和旅游部在春节假期结束后第一时间暂还旅行社质量保证金，发出通知稳定导游等一线人员就业和生活保障。政策千万条，市场第一条。3月14日，各地相继恢复省内旅游业务，7月14日，恢复跨省旅游业务，并有序调高旅游景区接待容量。精准发力的政策和行之有效的工作措施，为旅游战线统筹疫情防控和复工复业提供了坚实的制度保障，有力鼓舞了行业发展的信心。历史已经并将继续证明，有党中央的坚强领导，有国家的政策支持和政府主管部门的主动作为，有人民不断增长的美好生活需要，旅游业就没有战胜不了的危机，也没有克服不了的困难。

在新的一年里，我们有理由对2021年旅游经济运行持相对乐观的预期，对推进旅游业高质量发展充满信心。随着决战决胜脱贫攻坚和全面小康社会、国民经济和社会发展第十四个五年规划的正式实施，中央经济工作会议确定的需求侧管理和供给侧改革效果的显现，旅游经济将从全面复工复业走向消费、投资全面复苏。在大众旅游新阶段、小康旅游新时代，智慧旅游将持续推进产业迭代和服务升级，为构建现代旅游业体系奠定稳定的发展基础。从宏观面来看，以下内容将构成全年旅游工作的新格局和主旋律：统筹发展与安全，抓好防疫抗疫工作依然是旅游战线重要而艰巨的任务；千方百计释放国内旅游需求，一手抓市场下沉，一手抓消费升级，加快形成以国内大循环为主体，国内国际双循环相互促进的旅游经济新发展格局；以科技创新全力推进产业升级，以智慧旅游为抓手，有效管理旅游需求，积极推进旅游供给侧改革，建设现代旅游业体系；推进文化和旅游融合发展，建设一批文化底蕴深厚的世界级旅游景区和度假区、文化特色鲜明的国家级旅游休闲城市和街区、发展红色旅游和乡村旅游，完善旅游发展环境，增加优质产品供给；加强“互联网+监管”治理体系和治理能力现代化建设，推进旅游业高质量发展；在前期规划和区域试点的基础上，推动长城、长征、大运河、黄河文化公园建设，多措并举，促进和提升社会文明工程。

在新的一年里，大众旅游新阶段和小康旅游新时代的特征将更加明显，国民旅游权利更加普及，旅游消费升级愈发明显。疫情期间，我多次说过“旅游业再也回不到过去了”，回不到“人山人海吃红利，圈山圈水收门票”的过去了，回不到“劳动密集、规模生产，经验依赖、传统作业”的老路去了。既然回不去，那就面向未来吧。未来是什么？是国民权利纵向延伸、横向扩张的大众旅游，是消费升级、个性张扬的小康旅游，是数字驱动、场景创造的智慧旅游，是科技创新支撑的现代旅游。进入全面小康社会后，人民对美好生活的新期待为旅游业拓展了新空间，也为旅游业高质量发展提出了新要求。今天，国民大众的旅游需求已经从“有没有”走向了“好不好”，从“缺不缺”走向“精不精”，从“美好风景”走向“美好生活”。从供给侧看，城市和乡村的旅游发展规划和项目建设，也从旅游景区、星级酒店、机场高铁的旅游目的地，走向从菜市场到戏剧场的主客共享美好生活新空间。这个判断不是从理论到理论的实验室推演，而是基于丰富而生动的产业实践所做出的战略性研判。相较于旅行社为中心的观光旅游时代，散客化和自由行主导的休闲旅游时代的市场基础更加雄厚，产业空间更加广阔，并要求旅游发展动能、产业组织方式和商业模式创新随之变革。

在新的一年里，科技创新将进一步带动智慧旅游升级，有效提升广大游客的满意度和获得感。互联网、大数据、人工智能为代表的科技创新让旅游目的地从线下走上云端，直播催生的“云旅游”极大丰富了居民日常旅游休闲活动，满足了广大游客对内容创造和场景营造的现实需求。互动性、沉浸式、立体化的数字科技与传统文化和当代艺术的融合，极大丰富了旅游产品体系。从文化和旅游融合看，高精度扫描和数据采集、厘米级的空间识别技术，会让文化和文化遗产真正“活起来”并为旅游所利用。借助手机强大的图像处理能力和高速率低时延的5G网络，能够让我们在浏览过程实时无缝地叠加AR效果，带来虚实融合的交互体验。从旅游方式看，大数据加持的“预约、限量、错峰”不仅是疫情期间，也将是疫后旅游出行的常态。更为值得关注的是，新一轮的智慧旅游将会是金融资本、产业资本、技术公司和旅游集团联合主导的商业创造和产品创新过程，也是传统市场主体涅槃和产业格局重构的过程，每个人都将主动或被动地加入这个创造创新的伟大进程中。更令人期待的是，会有更多的市场主体跨界而来，会有更多的创业者涌现出来。你听啊，游客的掌声已经响起来了！你看啊，智慧旅游的大幕已经拉开了！上场吧，科幻感和艺术味十足的旅游现代化正剧即将开演！

在新的一年里，当代旅游发展理论将在实践中得到更加有力的验证，并为产业实践提供更加有效的指导。在疫情期间的几次公开演讲和理论文章中，我发表过“去旅行社化、去A级景区化、去星级酒店化，可能是值得业界思考的趋势”等观点，引起业界的关注、共鸣和讨论，当然也有一些不同意见。事实上，去旅行社化不是不要传统旅行社了，而是要导入线上旅行代理商、旅游定制师、本地生活向导、社群组织等旅行服务业；去旅游景区化不是不要A级旅游景区了，而是要导入主题公园、城市公园、郊野公园、国家公园、国家文化公园、公共文化场馆、历史文化街区、时尚商圈、戏剧场和电影院等更加多元的旅游休闲空间；去酒店化也不是不要星级旅游饭店了，而是要导入经济型酒店、城乡民宿、短租公寓、分时度假等广义旅游住宿谱系。这是一个新发展理念指导下的全新旅游思想，一个适应新发展阶段的全新旅游动能，一个融入新发展格局的全新旅游实践。它来源于旅游市场演化和旅游产业发展的实践，带给广大业者的是展翅高飞的辽阔天空，是尽显英雄本色的横流沧海，更是仰望追随的浩瀚星辰。各位业界同仁，媒体朋友，

坚持大众旅游的价值取向和发展导向，旅游业就能战胜一次又一次的危机，走向高质量和可持续发展的未来。20 世纪 80 年代开始，旅游业享受了二十年“开放红利”“遗产红利”和“政策红利”。1999 年国庆节假日第一次把“旅游黄金周”带入了国人的日常生活，从那时起，国民旅游权利和大众旅游消费成为我国旅游经济运行的市场基础。2016 年，李克强总理在《政府工作报告》中明确提出“迎接正在兴起的大众旅游时代”。2019 年，国内旅游市场已经达到 60.0 亿人次和 5.7 万亿元收入，而入境旅游市场只有 1.45 亿人次和 1313.0 亿美元的收入。这是我们做好推进文化和旅游融合发展、推进旅游业高质量发展和建设现代旅游业体系的现实基础。今年这么严重的疫情影响下，如果没有 30.3 亿人次和 2.3 万亿元消费的国内旅游市场做支撑，旅游经济很可能会陷入长达数年的全面萧条期，而不可能在第三季度就重启市场。根据保守预测，明年我国旅游业就能恢复到疫前的正常水平。到十四五末期，将会形成一个百亿人次、十万亿元消费的国内旅游大市场。到 2035 年，按照发达国家居民每人每月出游一次的频率，城乡居民现在每个季度才出游一次的频率，至少有三倍左右的成长空间。**展望未来，全面小康时代的大众旅游始终是我们的信心源泉，也是我们战胜困难和奋力前行的勇气。**

坚持智慧旅游的创新方向和战略导向，旅游业就能够稳步从传统走向现代，就能够让产业有活力、员工有尊严。**进入新发展阶段，旅游业将会面临前所未有的发展机遇，也会面临没有路标的创新环境。**2019 年中国 GDP 占全球 16.3%，研发投入已经接近经合组织（OECD）为代表的发达国家平均水平，在新型举国科研创新体系的推动下，市场主体的创新能力不断增强。无论是“旅游+”，还是“+旅游”，5G、物联网、北斗导航、高速铁路、高速公路、生物科技、清洁能源、先进制造、现代服务、登陆月球、火星探测等领域的国家重大科技工程及其衍生成果，都应当也可以在旅游市场找到应用场景。**科技与旅游的融合，将带来全新的服务革命，**有效提升全员劳动生产率，企业会更有生机和活力，员工将有更多的收入获得感和职业尊严。**疫情稳定以后，入境旅游振兴有期，繁荣可待。**承载民族复兴和人民幸福的中国梦，正在成为吸引一带一路沿线国家和世界各国各地区游客到访美丽中国的新型比较优势。**受益于科**

技创新和智慧旅游的发展，一个国内旅游市场为主体、国际国内旅游市场双循环相互促进，旅游需求和旅游供给双升级相互激励的新时代已经来临。这是一个想想都令人激动到不能自已的时代，这是一个值得全体旅游人，特别是青年企业家全力投入的时代。

在半个月前的2020年旅游集团年会上，我与旅游集团领导人和青年企业家进行了两场对话，并分别做了总结陈词，愿意作为新年献辞与大家分享：后浪总是要来的，只要没有放弃砥砺前行的决心和勇气，前浪就可以和他们一同前行。年轻意味着机遇，年轻意味着未来，但是年轻更意味着你们将肩负越来越现实的责任。2020已是过去，2021已经到来。全体旅游人团结起来，在大众旅游的旗帜下，在智慧旅游的道路上，奋发前行！

本书是中国旅游研究院（文化和旅游部数据中心）“中国旅游经济蓝皮书”系列年度报告的第十三部。全书凝结了全院的集体智慧，由戴斌院长总体学术指导和最终审定。马仪亮负责具体组织及初审，李仲广、唐晓云和宋子千进行二审。各章执笔人员如下：第一章戴斌、马仪亮、唐晓云、杨素珍；第二章郭可心、胡宁婷、吴峰林，郭娜、李雪、黄璜，第三章杨劲松、刘祥艳、韩霄、白慧茹、徐宁，第四章杨宏浩、战冬梅、张杨、赵一静、侯平平，第五章周琰、熊娜、胡抚生、雷蕾，第六章何琼峰、张佳仪，第七章杨丽琼、何森，第八章刘祥艳、周云儿。

戴斌

中国旅游研究院院长、

文化和旅游部数据中心主任、

教授、博士生导师

2021年1月1日

CONTENTS

目录

第一章

回顾与展望

2020 年，新冠疫情突袭荆楚大地，随后蔓延至全国及世界各地，旅游业全部停摆，遭受前所未有的打击。新冠疫情是百年来全球发生的最严重的传染病大流行，是中华人民共和国成立以来我国遭遇的传播速度最快、感染范围最广、防控难度最大的重大突发公共卫生事件。在巨大的灾难面前，在以习近平同志为核心的党中央坚强领导下，旅游行业打响了疫情防控的阻击战，走过了一段波澜壮阔的旅游抗疫历史。经过艰苦卓绝的努力和巨大牺牲之后，我国疫情防控取得重大战略成果，旅游业在统筹推进疫情防控和复工复产中取得积极成效。2020 年的旅游抗疫，在旅游发展史上写下了悲壮雄浑的篇章。

一、2020 年回顾：危机与变革

（一）新冠疫情带来的冲击和挑战前所未有

新冠疫情全球大流行，引发的经济危机或将持续数年。新冠疫情大流行对消费和生产领域造成的“高度破坏”局面意味着世界即使进入“后新冠时代”也需很长一段时间才能恢复。2020 年前三季度，美国、日本、德国、英国、法国和印度等经济体 GDP 同比缩减分别达 3.8%、5.9%、5.6%、11.9%、9.5% 和 9.3%。新冠疫情正在演变为一场重大的经济危机，消费萎缩，居民收入增长受到冲击，多数经济体的投资收益给付能力下降，利空影响难以短期内消除。受疫情影响，我国国内旅游消费大幅度收缩，各类旅游企业受损严重，国际旅游业断崖式下降。从历史上来看，1989 年政治风波、1998 年亚洲金融危机、2003 年“非典”、2008 年世界金融危机对经济的影响是局部的、短期的，只是经济上行期间的一股短暂“寒流”，延缓了经济快速抬升的势头。但新冠肺炎疫情是经济下行通道中的一次意外退坡，带来的冲击是全面的、长期的、系统的，国内旅游业乃至世界旅游业面临前所未有的挑战。“非典”疫情对2003年GDP影响为-0.5%，新冠疫情对GDP的影响将达-4%左右，全年GDP增速仅2%上下。

国内旅游业遭受重创，“U”形走势缓慢复苏。旅游市场因疫情按下暂停键，2020年上半年国内有组织的旅游活动几乎全面停止，消费信心遭遇重创，绝大部分景区关停限流，旅行社、OTA等旅游企业遭受了前所未有的打击，暂停团队游及“机票+酒店”产品，升级退改签等措施。各类旅游企业受损严重，百程等深耕多年的旅行社更是被迫清盘。2020年春节假日旅游活动全面收缩，监测数据显示，春节假期前7日（除夕至大年初六），全国接待国内游客同比减少40.3%，实现国内旅游收入同比减少45.9%，超六成省份客流接待量负增长30%以上，探亲访友游客同比减少76%以上，目的地活动半径持续收缩到2千米左右。2020年一季度国内旅游人次和收入分别同比增长-83.4%、-87.02%。4~5月在因疫情防控出现显著性成效，以及清明节和劳动节假期刺激，旅游市场复苏步伐加快。6月中旬以来，北京、青岛、喀什等地相继暴发局地疫情，旅游市场复苏进程不断受到影响。2020年全年国内旅游人数同比负增长52.1%和61.1%，旅游经济指数创历史新低。截至2020年年底，我国旅游市场处于“U”形走势的右侧上升线，但复苏速度有限。文化和旅游部、国家发展改革委等10部门联合印发《关于深化“互联网+旅游”推动旅游业高质量发展的意见》指出，到2022年全国旅游接待总人数和旅游消费恢复至新冠肺炎疫情前水平。

疫情对国际旅游市场的挑战远超预期。世界卫生组织宣布将新冠肺炎列为国际关注的突发公共卫生事件后，全球96%的旅游目的地实行了出行限制措施，90%完全或有针对性地关闭边境，全球范围内的旅游旅行人次应声下跌，几近归零。此次新冠疫情对我国出境旅游市场较“非典”影响程度更大，持续时间更久。截至北京时间2020年11月24日8时02分，中国境外200个国家和地区共确诊新冠肺炎5923.86万人，累计死亡139.48万人。疫情全球范围内传播，导致我国出境旅游市场较“非典”时期更加复杂，特别是对美国、印度、巴西、法国等疫情感染人数较多的旅游目的地，影响时限更长，程度更大。4月以来，我国入出境旅游市场月度减幅多在95%以上，其中出境旅游各月减幅超过99%。由于疫情海外传播更甚，疫苗生产受限，以及抗体有效期较短等原因，游客国际流动限制措施短期内难以松绑，2021年全年国际旅游市场不景气将是大概率事件。

（二）坚决打赢旅游系统疫情防控阻击战，科学谋划旅游行业疫后振兴

我国旅游行业抗击疫情进程，大体上分为四个阶段：

第一阶段：有组织的旅游活动全面停止。1 月 23 日，武汉市宣布封城，全面进入战时状态。2 月中下旬疫情全国蔓延的趋势得到遏制。其间，整个社会处于“休克”边缘。文化和旅游部从春节假期第一天开始就采取果断措施，将工作重心从“保障供给、繁荣市场”转向“停组团、关景区、防疫情”。文化和旅游部先后发布《关于做好新型冠状病毒感染的肺炎疫情防控工作的通知》《关于全力做好新型冠状病毒感染的肺炎疫情防控工作暂停旅游企业经营活动的紧急通知》，有组织的旅游活动应声减少，直至全面停止。文化和旅游部出台托底政策为旅游企业纾困解难，旅游企业在参与抗疫的同时，积极开展自救与互助。

第二阶段：旅游业进入防控性复工的新阶段。3 月 4 日中央作出最新形势判断，“已初步呈现疫情防控形势持续向好、生产生活秩序加快恢复的状态”，3 月 12 日开始，各地陆续恢复省内旅游，旅游战役由“停组团、关景区、防疫情”“托底线、救企业”，转入了“严格防控、有序复工”的新阶段。文化和旅游部结合疫情防控形势，坚持分区分级原则，对旅游景区、公共图书馆、文化馆、文博机构都制定了开放指南或者指导意见，精准有序地推动文化和旅游企业复工复产，景区接待游客量，不得超过最大承载量的 30%，为老百姓提供更安全的消费产品和消费场所。随着全国疫情得到基本控制，商务旅行、探亲访友、休闲度假等旅游需求开始恢复。截至 3 月底，全国 A 级景区复工率超过 30%，国内旅游市场复苏步伐加快。清明节假期 3 天，全国国内旅游接待总人数和旅游收入同比恢复 38.6% 和 19.3%，劳动节假期 5 天，按可比口径分别恢复 53.5% 和 36.7%。6 月中旬，北京新发地批发市场爆发新一轮疫情，导致跨省旅游业务恢复和部分地区的旅游市场复苏受到暂时影响，但未影响全国旅游市场复苏趋势和旅游产业振兴的总体进程。

第三阶段：旅游业进入疫情防控常态情境下，统筹疫情防控和复工复产阶段。文化和旅游部发布文件，明确自 7 月 15 日起全国各省、区、市可恢复旅行社及在线旅游企业经营跨省团队旅游业务及“机票 + 酒店”业务，但中、高风险地区不得开展团队旅游及“机票 + 酒店”业务。出入境旅游业务暂不恢复，各地景区接待游客量，由不得超过最大承载量的 30% 调至 50%。为行业振兴

和经济增长奠定了坚实的市场基础，国内旅游市场进一步好转，带动全年旅游经济企稳向好。个人游、家庭游、自驾游等非团队旅游市场一直都存在，近程化、自主化特征明显，广大人民群众开始欣赏身边的美丽风景，体验日常生活的美好。2020 年，旅游经济运行季度综合指数分别为 68.95、75.69、78.47 和 85.32，总体处于“相对不景气”水平且同比大幅下降，但环比稳步回升（图 1-1）。跨省游和省内游同步发力提振国内旅游市场，截至 9 月中旬，全国旅行社复工复业占比 75.12%，星级饭店复业率达 91%，在线旅游企业订单业务总体恢复至去年同期四成左右。

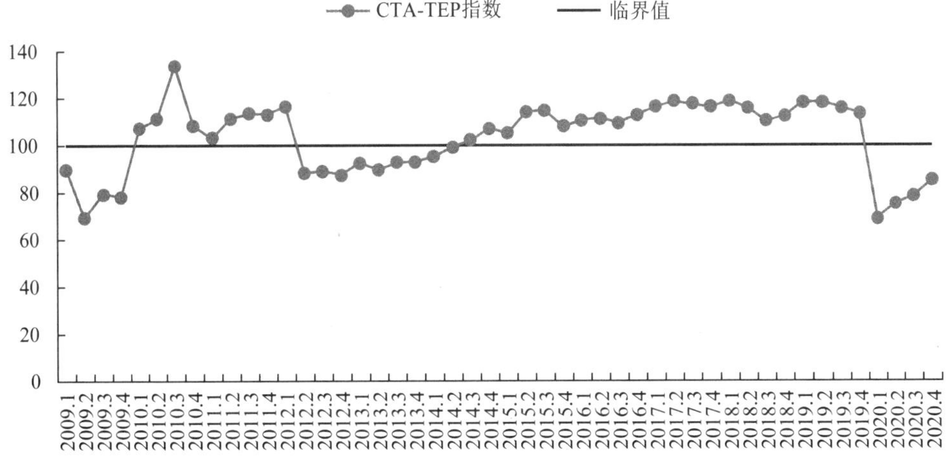

图 1-1 2020 年旅游经济运行综合指数（CTA-TEP）

第四阶段：旅游业进入全面复工复产阶段。9 月 18 日，文化和旅游部下发通知，为满足国庆节、中秋节假期游客游览和景区接待需求，景区接待游客量不超过最大承载量的 75%。文旅系统从细从严统筹疫情防控和复工复产复业，景区、酒店、旅行社等旅游企业贯彻落实“预约、错峰、限流”等要求，除部分开放式免票景区外，94% 的 5A 级景区实施分时预约制度。传统的旅行社、酒店、休闲娱乐业逐渐恢复，本地休闲游和近程出游日渐增长。假期 8 天，全国国内旅游接待总人数和旅游收入按可比口径同比恢复 79.0% 和 69.9%，与端午节假期相比，恢复进度分别提高了 28 个百分点和 39 个百分点。人均每次旅游消费明显增加，游客总体满意度 85.71 分，景区满意度 86 分，较端午节进一步提升，游客对旅游服务质量高度认可。依托国内超级大市场，我国旅游经济已经进入疫情防控常态情景下全面复工复产新阶段，旅游消费信心全面恢复，旅游发展潜力全面释放。旅游经济稳中向好基本面进一步稳固，全年旅游发展预期有望从谨慎乐观转向相对乐观。2020 年全年国内旅游人数为 28.8 亿人次，同比下降 52.1%；实现国内旅游收入 2.2 万亿元，同比下降 61.1%。预计同期入境旅游人数 2747 万人次，同比减少 81.1%；实现国际旅游收入 149 亿美元，同比减少 88.7%。据测算，中国公民出境旅游人数 2036 万人次，同比减少 86.8%。

（三）旅游市场供需发生重大变化

（1）智慧旅游和数字技术拓展游憩空间，旅游治理水平显著提升。数字技术将现实引入虚拟，旅游目的地从线下走上云端，数字文旅成为游客旅游消费新场景。清明节假期，故宫博物院联合权威媒体对外直播，9 月 10 日故宫再次推出 600 年大展直播，累计吸引超 200 万观众。直播催生的“云旅游”丰富了居民日常旅游休闲活动，满足了旅游消费对内容的需求。互动式、沉浸式旅游直播丰富了目的地和旅游吸引物的消费场景，游客游憩空间得以拓展。“预约、限量、错峰、有序”成为旅游出行新常态，旅游治理水平加速提升。国庆节、中秋节长假期间，超过 94% 的 5A 级旅游景区实施分时预约制度，82.8% 的游客不同程度体验了预约，“无预约不出游”已经成为游客普遍共识。扫码入园、刷脸通行、无接触服务等数字技术在行程安排、游客分流等方面发挥积极作用。数字技术支撑下的智慧旅游保障在疫情期间游客出游权利和出游安全，满足游客旅游消费需求兼顾疫情防控要求。

（2）家庭休闲成为更加普遍的核心诉求，品质旅游加速演进。在对疫情过后计划和谁一起出游的调查中，和家人一起出游的受访者占比 42%，居首位，适合亲子游或父母老人旅游的产品将更有市场。其次是与好友结伴旅游占比 23%，单位班级社团等集体出游占比 22%。另有 11% 的人计划独自旅游或与驴友一起自助游。出游动机调查中，休闲度假需求首次超过观光游览排名首位，占比 29%；健康医疗动机也达到 3%。疫情影响下，居民出游以放松休闲为主，基于自驾、自助方式的家庭及亲友休闲娱乐产品为市场需求热点。同样受疫情影响，品质游快速发展，“无接触”旅游备受青睐。国庆节假日期间，游客对个性和品质的追求进一步增长，度假型酒店价格上升明显，上海高星级酒店均价甚至比 2019 年同期上涨超过 20%。上海迪士尼乐园酒店国庆节前已售罄假期前 4 天客房，房价在 4000 元到 6500 元不等。三亚亚特兰蒂斯酒店多数单价在 4000 元以上的客房快速售罄。携程跟团游数据显示，2000 多家旅行社合作伙伴，在携程平台上线了 4 万多条私家团产品，一单一团、专车专导的“私家团”服务人次超过 2019 年同期，同比增长四成以上。品质旅游发展也表现为旅游服务质量提升，2020 年全国游客综合满意度评价指数为 80.95，同比增长 0.77%，其中国内散客综合满意度评价指数为 83.61，同比增长 3.36%，游客满意度提升速度近年鲜见。

（3）区域旅游接待和潜在出游力差距呈现更加明显的收敛趋势。受疫情影响，游客更加倾向“去人少一点的地方旅游”，西北等开阔区域受青睐。特别是出境游受限后，部分中高消费群体转向西部生态和自驾旅游目的地。国庆期间，西宁、丽江、三亚和拉萨机场计划执飞航班分别同比增长近 38.6%、29.2%、22.5% 和 22.8%。青海、甘肃、云南和海南等偏远地区成为最受欢迎的租车游目的地。2020 年前三季度，全国共有 19 个省域游客接待量复苏超过全国平均水平，其中西部、中部、东北和东部分别占 10 席、4 席、3 席和 2 席，开阔地区游客接待排名较以往明显前移。出游方面，2020 年客源地潜在出游力在东中西三大区域之间的比例大约为 6.0∶2.6∶1.4，相比较长期处于“7∶2∶1”的三级阶梯状分布格局，继续呈现收敛趋势。东部地区累计潜在出游力所占比重由 2010 年的 70.0% 下降到 2020 年的 60%。中西部地区所占比重在不断升高，累计潜在出游力所占比重由 2010 年的 30.0% 提升到 2020 年的 40%。

（4）自驾、康养等旅游景气度走高，新业态发展潜力加速释放。2020 年，避暑旅游、冰雪旅游、夜间旅游、亲子旅游、美食旅游、研学旅游、自驾旅游等新型消费需求潜力加速释放。自驾出游方式选择比例达近年新高，其中清明节假期游客自驾出游比例超过七成。避暑游、冰雪游在疫情期间的发展韧性更足。2020 年 8 月景区夜间游客量是 1 月的 1.76 倍；全国 5A 级景区夜间开放率 22.8%；4A 级景区夜间开放率 20.4%。老场景不断开放，传统景区、文化场馆相继推出夜游，且评级越高开放比率越高。

（四）旅游战线疫情防控取得了巨大的成就和丰富的经验

在党中央的坚强领导下，在习近平总书记的亲自部署和指挥下，经过全国上下和广大人民群众艰苦卓绝努力并付出牺牲，4 月我国疫情防控先是取得阶段性重要成果，5 月疫情防控取得重大战略成果。为应对疫情，旅游业付出了巨大代价，但也取得了令人欣慰的阶段性成就。截至 2020 年年底，没有因为有组织的旅游活动而传播和扩散疫情，没有出现大面积的旅游企业倒闭和员工失业，没有出现重大涉旅纠纷和安全事故，也没有出现引起社会广泛关注的负面舆情，旅游消费意愿和市场信心稳步回升，旅游业发展动能重新集聚，科学研判旅游战役形势，精准施策，坚持推进文化和旅游融合时代的高质量发展。在党中央的领导下，在国务院联防联控工作机制的框架下，文化和旅游部心系行业，科学部署，稳住了行业发展的基本面，为统筹疫情防控和有序复工提供了有力的保障，也为未来的常态化疫情防控积累了宝贵经验。

（1）全国一盘棋，有效抗疫彰显我国制度优势。在党中央的坚强领导下全国人民共同抗疫，第一时间集中领导、统一指挥，发出最强动员令，一声令下、令行禁止，坚持全国一盘棋，迅速形成全面部署、立体防控的防疫布局，有效遏制疫情大面积蔓延，全国疫情防控阻击战取得重大战略成果。正如许多国家领导人所说，中方行动之快、规模之大，举世罕见，展示出中国速度、中国规模、中国效率，显示了中国制度的优势。虽然旅游业承受了巨大的损失，但整个国家和人民和我们在一起共同承担着巨大的压力和挑战，为行业的抗疫、自救、互助和振兴复苏提供了坚实的保障。在党和国家的保护下，国内旅游才得以快速复苏，中国特色社会主义的制度优势充分彰显。

（2）有为政府精准帮扶，有效提高旅游企业共同抗疫的主观能动性。各级党委和政府科学部署为统筹疫情防控和有序复工提供了有利的政策保障。政府在联防联控机制下，连续召开部长办公会、新闻发布会，并授权专业机构发布数据、召开专业座谈会，对及时稳定行业信心、凝聚发展共识起到积极有效的作用。持续推出金融、货币和产业政策，暂时退还 80% 旅行社质量保证金、为旅游企业提供货款贴息、减免税收和保险等。出台稳岗就业和社会保障政策，专门出台针对稳定导游业务的通知，面向行业从业人员开展专业培训，最大限度地留住了宝贵的人力资源，都体现了以人民为中心在旅游领域的指导思想，对旅游企业渡过难关起到了有力支撑。

（3）行业互助和企业自救相结合，提升旅游业整体“免疫”能力。中国旅游协会、中国旅行社协会、酒店协会等行业组织积极履行社会责任，帮扶企业经营。中国旅游协会免除会员单位会费，旅行社协会倡议地方出台优惠措施，景区协会组织景区发布自律公约，饭店协会发布民宿管理指南，各协会做了大量信息收集和整理工作。头部旅游企业也迅速反应，携程、飞猪、马蜂窝等企业为上下游垫付巨额退款。疫情爆发后，旅游行业一片慌乱，从政府、行业组织到头部企业，从领导干部、企业管理者甚至个人自媒体都冲到抗疫前方，引领行业自救和互助，稳住了旅游行业发展大局，体现了旅游人的担当和作为。

（4）国际和国内拉手不放手，为世界旅游业复苏提供经验和信心。在防控疫情和复工复产的过程中，积极协助港澳台防控疫情，及时对世界各国和国际、双多边组织公开疫情信息和防控措施，实时分享我国防控方案和经验。各国政府和国际组织扮演了积极有为的角色，包括 WHO、UNWTO、WTTC 等在内的国际组织积极行动，为全球旅游业更好地应对疫情提供应对方案，基于权威数据的政策研究、趋势研判和信息发布，有效避免全行业的蔓延性恐慌。各国政府及时发布旅游业重启以及国内旅游一揽子计划，让统筹疫情防控和复工复产处于可控可视的状态。我国主导及参与的多个区域合作机制，如“一带一路”、中国—东盟、上合组织等继续将旅游交往作为重要内容，不断深化区域国际旅游交往与合作，国内旅游出现率先恢复，为全球旅游业的恢复做出贡献，并为其他国家提供经验借鉴。在巨大的灾难面前，中国积极担当大国责任，无私照亮文化和旅游行业前进的方向，凝聚全球旅游业恢复的信心。

二、2021 年展望：信心和高质量

随着新冠疫苗加速上市，疫情全球大流行有望得以终结，2021 年旅游经济将从全面复工复业走向消费、投资全面复苏，大众旅游新需求、智慧旅游新业态推进产业迭代和服务升级，2021 年将从全面复苏走向高质量发展，2021 年发展预期相对乐观。预计 2021 年国内旅游人数 41 亿人次，国内旅游收入 3.3 万亿元，分别比 2020 年增长 42.3% 和 47.6%。在新冠疫苗普及较为顺利，疫苗有效性相对乐观的情况下，入出境旅游市场有望在下半年有序启动，全年恢复至疫前的 2~3 成，即接待入境游客约 4100 万人次，同比增长 50%；实现国际旅游收入 250 亿美元，同比增长 68%。中国公民出境游人数 3500 万人次，同比增长 72%。

（1）国内旅游大循环促进旅游消费回流。受疫情影响，出境旅游基本停滞，

停滞期将超过 1 年，预计规模化重启将在 2021 年下半年以后，其间势必出现国内游对出境游的替代现象。此外，近年来国内休闲度假旅游产品供给数量和品质显著进步，越来越多的游客认识到出境走马观花不如在国内“走透透”，出境游转国内游成为重要发展趋势。2020 年 8 月，海南免税销售额 30.95 亿元，跨入了单日平均销售额 1 亿元大关。国庆节长假前 7 日，海南免税消费总额超 8 亿元，同比大幅增长 172.07%，旅游消费回流显著。此外，小而美、小而精，品质旅游也成为消费回流的重要去向。

（2）全面建成小康社会推动大众旅游步入新阶段。中共中央政治局常务委员会 12 月 3 日召开会议，听取脱贫攻坚总结评估汇报，确认我国现行标准下农村贫困人口全部脱贫，贫困县全部摘帽，消除了绝对贫困和区域性整体贫困。步入全面小康社会，民众更加重视文化、旅游等精神层面的消费支出。2020 年，国人人均国内旅游消费支出 4089.2 元，占同期全国居民人均消费支出的 18.97%。《中共中央关于制定国民经济和社会发展第十四个五年规划和二〇三五年远景目标的建议》，强调要“完善节假日制度，落实带薪休假制度，扩大节假日消费”。未来，我国旅游市场将呈现客源地由中大型城市向中小型城镇的梯度下沉，更多的人有条件和闲暇加入到旅游行列，大众旅游迈入小康社会的新阶段，旅游业发展的经济基础更加稳固。

（3）新冠疫情全球大流行终结促使民众找回“失去的旅行”。新冠疫苗研发进入尾声，2020 年 12 月上旬开始一些国家将陆续启动疫苗接种。12 月 5 日，莫斯科开始为全市的新冠高风险群体接种疫苗，俄罗斯成为全球首个启动大规模接种新冠疫苗的国家。美国和英国均计划于 12 月中旬启动接种，西班牙计划在 2021 年 1 月开始落实疫苗接种，目标是到当年 6 月至少接种 1/3 人口。据悉，我国 2020 年有 6 亿支新冠疫苗获批上市，浙江等地已于 10 月启动紧急接种登记。虽然疫苗的有效性仍待观察，但疫苗的益处大概率超出其风险。2021 年下半年后，国际旅游有望在全球范围内有序重启。我国经济受疫情冲击相对较小，特别是居民收入没有在疫情期间出现显著下滑，居民“找回失去的旅行”意愿强烈，2021 年我国旅游市场复苏步伐势必更快。

（4）旅游产品价格走低刺激需求复苏。疫情以来，住宿、机票价格降幅明显，截至 2020 年年底北上广深等主要客源城市至西安、桂林、三亚等目的地的航班价格仅数百元，多数旅游目的地平均住宿价格同比减幅两成左右。2021 年，景区门票降价甚至免费、发放旅游消费券等优惠政策仍可能在一些地方延续。

可以预见，2021 年将是近年来旅游性价比的高点，旅游需求将沿着需求曲线向“价低量升”方向移动，为疫后旅游市场复苏注入强劲动力。

（5）旅游将在大湾区、长三角、中原城市群、长江经济带等国家重大区域发展战略中发挥重要作用。2009 年国务院《关于加快发展旅游业的意见》提出，“把旅游业培育成国民经济的战略性支柱产业和人民群众更加满意的现代服务业”，成为我国旅游业转型升级的重要标志。目前这一目标已经基本实现。未来旅游业在粤港澳大湾区、长三角经济区、中原城市群、长江经济带、新型城镇化、国家文化公园建设等国家发展战略中发挥重要作用。国家战略优化了旅游业的发展环境，为旅游业基础设施提供了建设基础和拓展空间。旅游业也会为产业协同发展、区域战略布局提供新动能。

三、2021 年工作建议：贯彻落实和国内优先

（1）深入贯彻十九届五中全会精神，为“十四五”规划开好头，起好步。深入贯彻十九届五中全会精神和《中共中央关于制定国民经济和社会发展第十四个五年规划和二〇三五年远景目标的建议》相关要求，发布实施《文化和旅游十四五规划纲要》《十四五旅游业发展规划》。进一步明确旅游的文化属性和产业特性，既要抓好文化和旅游融合发展，更要推进旅游业高质量发展。扩大旅游消费需求，要有引导性的市场发展指标和游客满意度等质量指标。健全旅游优质供给体系，特别是党的十九届五中全会确定的推进文旅融合、建设世界级旅游景区和度假区、建设国家级旅游休闲城市和街区、发展红色旅游和乡村旅游、讲好中国故事，要有约束性的工作指标。既要强调有效市场，也要强调有为政府。

（2）依托国内旅游大循环，瞄准国内国际旅游双循环，推动旅游业高质量发展。用好天津旅游产业博览会等全国和区域旅游交易会，央视等主流媒体和“两微一抖”、B 站等新媒体平台，持续开展“美丽中国 · 心灵四季”旅游宣传推广。制订专项市场促进工作方案，有效激发夜间游、冰雪游、避暑游、养老游、研学游、美食游等旅游休闲新需求。用好出境旅游市场优势、“旅游年”平台和冬奥会赛事旅游，制订国际市场复苏计划和港澳与内地、海峡两岸旅游交

流合作方案，视全球疫情防控形势做好实施、监测和评估工作。加强市场监管，重点推进国有重点景区门票下降、不合理低价、不文明旅游等专项整治工作。

（3）持续推进文化和旅游融合发展，满足城乡居民旅游休闲新需求。结合新型城镇化和新农村建设，引导各级政府和各类企事业单位，进一步下沉市场，挖掘“小镇青年”的消费潜力，拓展现代旅游业的市场基础。发挥公共文化、文化产业、国家文化公园对旅游业带动作用，促进“旅游 +”“+ 旅游”的市场转化和项目落地，满足全面小康时代的国民旅游休闲权利。释放促进旅游业发展信号，加大政策引导，建设以人民为中心的旅游发展体系，让广大人民群众共享旅游发展成果。

（4）加强文化引领和科技创新，做大做强旅游集团 ，培育新型市场主体。通过权威数据引导社会投资，重点规划塑造发展格局，行业标准引导服务升级，商业研发和实验室经济驱动旅游业高质量发展。拓展主客共享美好生活新空间，把外来游客和本地居民统一到共同消费市场上。提升旅游业治理体系和治理能力的现代化，培育和导入互联网、大数据、人工智能等新型生产要素，总结新型商业模式，推广新型商业形态。

（5）对地方的旅游发展进行分类指导，形成可复制可推广的经验。实现文化和旅游的融合，要坚定不移地推动文化建设、旅游发展和文旅融合发展。从旅游发展角度来看，既要“旅游 +”也要“+ 旅游”，游客可触可感可体验的文化才是人民需要的文化，既要防止把游客带到博物馆就是文旅融合的肤浅认识，也要防止文化和旅游本就融合在一起的伪命题。从文化发展角度来看，需要主动融入国家文化公园建设和传统文化复兴工程，统筹推进长城、大运河、长征、长江、黄河等国家旅游线路建设和推广工作。需要用好文物公益基金、旅游发展基金和产业基金，务实推进文物创新保护利用和文化遗产活化工作。无论是文化事业、文化产业，还是旅游业，都要以人民的文化权益和旅游权利为中心，回归国民休闲，回归大众旅游，从项目、产品和服务上切实把文化和旅游融合在一起。

第二章

国内旅游市场和区域协调发展

一、旅游消费需求

新冠肺炎疫情发生以来，旅游市场明显萧条，居民旅游消费需求被大规模遏制。2020 年下半年旅游经济进入疫情防控常态情境下全面复工复产复业新阶段，以国内市场为基础的国内旅游经济循环发展动能正在积聚，旅游发展潜力全面释放。经历疫情，旅游消费需求正在向品质化、个性化、自主化演变，文化创意与科技创新引领旅游消费的新空间。

（一）快速萧条—底部盘整—缓慢复苏，四季度步入 U 形右侧通道

受新冠肺炎疫情影响，2020 年旅游消费需求对疫情形势变化较敏感，旅游需求的安全弹性很高。从国内市场来看，一方面，疫情防控常态化形势下，各地区统筹疫情防控和经济社会发展积极成效持续显现，国民经济运行延续稳定恢复态势。旅游需求回暖，市场预期向好，全年旅游发展预期有望从“谨慎乐观”转向“相对乐观”。2020 年全年国内旅游人数为 28.8 亿人次，同比下降 52.1%；实现国内旅游收入 2.2 万亿元，同比下降 61.1%（如图 2-1）；预计，全年入境旅游人数 2747 万人次，同比减少 81.1%；实现国际旅游收入 149 亿美元，同比减少 88.7%；中国公民出境旅游人数 2036 万人次，同比减少 86.8%。另一方面，个别疫情反弹地区出游风险依旧存在，防控措施严格管控人员流动叠加谨慎的出游态度，部分居民的旅游需求被继续遏制。从国际市场来看，全球范围内仍未实现对新冠肺炎疫情的有效控制，旅行限制尚未完全开放，入出境市场遭遇重创，远低于历史平均水平（如图 2-2）。

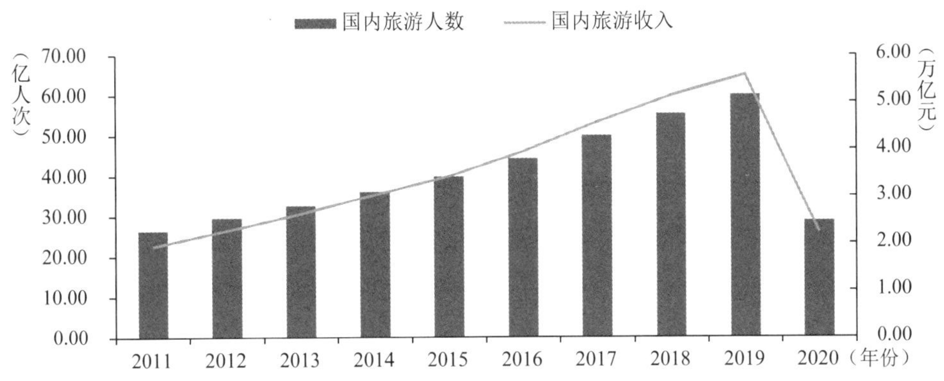

图 2-1　2011~2020 年国内旅游人数及国内旅游收入情况

数据来源：历年《中国旅游统计年鉴》及其副本。

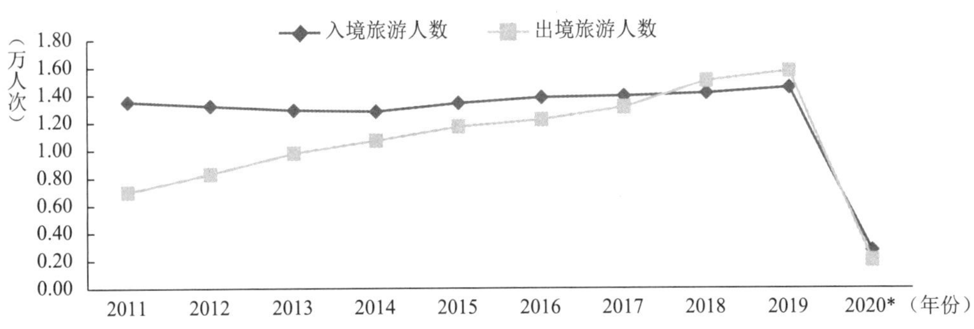

图 2-2　2011~2020 年入出境旅游人数情况

数据来源：历年《中国旅游统计年鉴》及其副本

本地休闲和中近程出游需求不断释放，旅游出行普遍化基本面没有消失，居民仍存在可观的潜在旅游动机。2020 年第四季度我国居民出游意愿为 83.56%，同比恢复 95% 以上，国内跨省市旅游和周边游比例分别占 42% 与 37%。2020 年国内旅游市场恢复至 2019 年同期的 47.9%，人均出游率达 2.09 次，旅游活动依旧是不可或缺的生活要素。数据显示，高品质、低密度、深体验旅游产品恢复速度快，高星级酒店预订量远超 2019 年同期。2020 年平均满意度 80.95，同比增长 0.77%，居于高位运行水平，疫情的发生并没有对游客体验与满意度水平造成直接的负面影响。安全、优质、舒心的旅游消费环境有助于加快潜在旅游消费需求向有效需求的转化（如图 2-3）。

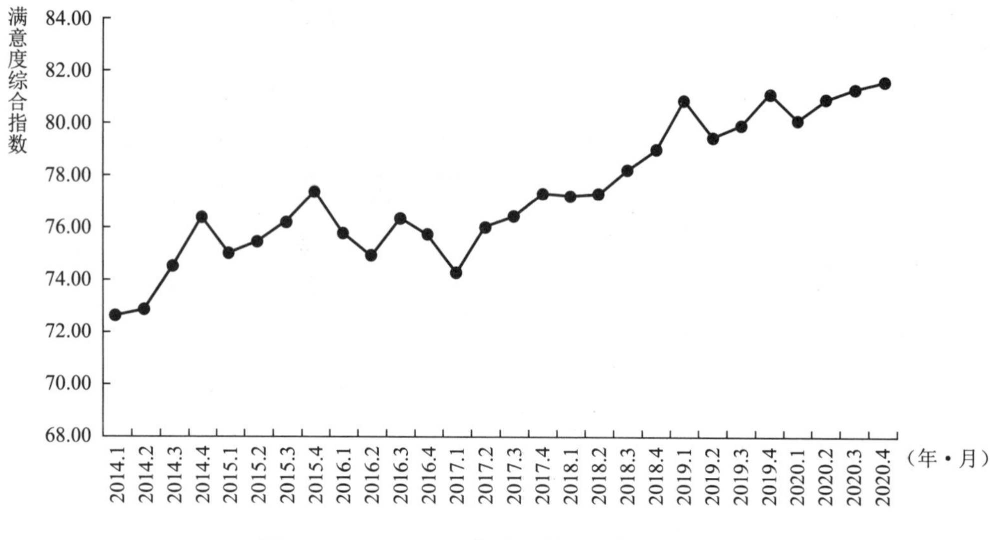

图 2-3　2014~2020 年全国游客满意度综合指数

（二）兴趣爱好引领游客流量向主题旅游集聚

主题旅游细分市场是游客需求更高层次的表达，是游客个性与特征的具象化反映，以兴趣爱好为核心的主题旅游市场规模快速扩大，游客逐渐走出看山看水看风景的游览式观光，流量正在向体验性旅游活动聚集，“景观之上是生活”已成为当代旅游发展的基本理念。

2022 年北京冬季奥运会和残奥会的到来催生冰雪旅游成为主题游首个爆点，引领反向避寒的潮流。东北、西北等冰雪资源大省积极响应“冰天雪地也是金山银山”并谋划冰雪旅游产业布局，以冰雪带动的新业态不断涌现，有效刺激冰雪旅游消费需求。在旅游出行方式选择上，以房车为代表的自驾旅居车是疫情之后最快复苏的细分市场，自驾车和旅居车以其私密、安全、自由的优势受到家庭游、亲子游团体的青睐。调查数据显示，清明节、劳动节及端午节假期居民自驾出游比例超六成，国庆节、中秋节长假期间超四成农村居民选择自驾出游，暑假期间房车订单较 2019 年同期增长 1.2 倍。在出游时间选择上，夜间旅游需求反弹明显。都市、近郊、省内夜游热度高，成为假日旅游市场显著亮点。夜市、夜演成为更多游客消费的关键场景，夜游、夜跑成为更多游客参与的体验活动。此外，美食旅游、徒步旅游、潜水旅游、体育旅游、康养旅游等主题旅游线路热度不断攀升，游客调动多感官视角去了解和丈量目的地，以体验活动代替观光游览，小众且个性化的旅游活动正在成为游客旅游消费的主流。

（三）文化参与和休闲度假成为旅游消费刚需

文化参与满足人们对美好生活的向往，是丰富游客深度感知与体验的重要途径，是衡量游客生活质量、幸福感和获得感的重要指标，国内文化休闲基础设施日益完善，文化休闲活动产品日益丰富，居民和游客文化消费持续升级。博物馆、美术馆、图书馆等公共文化场馆成为游客到访新空间，研学旅游、红色旅游、节日庆典等文旅融合产品成为游客决策新选择。国庆中秋长假期间，85% 的游客参与各类文化休闲活动，其中参观历史文化街区、博物馆、美术馆的游客比例分别为 41.8%、40.5% 和 27.1%。文化参与持续为旅游经济健康发展提供新的动能。

随着经济增长，我国正在从以观光旅游为基础的大众旅游向休闲度假牵引的小康旅游转型，居民休闲度假需求迅速增长。转型时期，国民休闲度假意识不断增强，休闲时间稳步增加。越来越多的居民参与到生活空间和休闲空间进行度假体验活动。疫情期间，度假型酒店和民宿预订率先恢复，都市周边休闲度假是市场需求重点。与美好生活场景相结合的休闲度假消费是游客在目的地生活需求的表达，也是主客共享美好生活的基础。

（四）智慧旅游和数字经济拓展游客游憩空间

疫情发生后，旅游者出行决策兼顾考虑游憩空间和社交距离。一方面，“预约、限量、错峰、有序”已经成为旅游出行新常态。国庆中秋长假期间 82.8% 的游客不同程度体验了预约，“无预约不出游”已经成为游客普遍共识。国庆中秋长假期间，超过 94% 的 5A 级旅游景区实施分时预约制度。扫码入园、刷脸通行、无接触服务等数字技术在行程安排、游客分流等方面发挥积极作用。数字技术支撑下的智慧旅游保障在疫情期间游客出游权利和出游安全，满足游客旅游消费需求兼顾疫情防控要求。

另一方面，数字经济将现实引入虚拟，旅游目的地从线下走上云端，数字文旅成为游客旅游消费新场景。清明假期，故宫博物院和中信出版集团联合新华社、新华网、《人民日报》、人民网、腾讯网、抖音等多个平台，首次对闭馆的故宫博物院进行直播。2020 年 9 月 10 日故宫再次推出 600 年大展直播，累计吸引超 200 万观众。直播催生的“云旅游”丰富了居民日常旅游休闲活动，满足了旅游消费对内容的需求。互动式、沉浸式旅游直播将会进一步释放旅游数字化消费需求的活力，日常性、阶段性旅游直播将会进一步增加旅游目的地对游客消费的吸引力。

二、国内旅游市场

全年旅游市场规模减半。2020 年全年国内旅游人数为 28.8 亿人次，同比下降 52.1%；实现国内旅游收入 2.2 万亿元，同比下降 61.1%。其中，城镇居民出游 20.7 亿人次，同比下降 53.8%，城镇居民国内旅游花费 17966.5 亿元，同比下降 62.2%；农村居民出游 8.1 亿人次，同比下降 47.0%，农村居民国内旅游花费 4319.8 亿元，同比下降 55.7%（如图 2-4）。

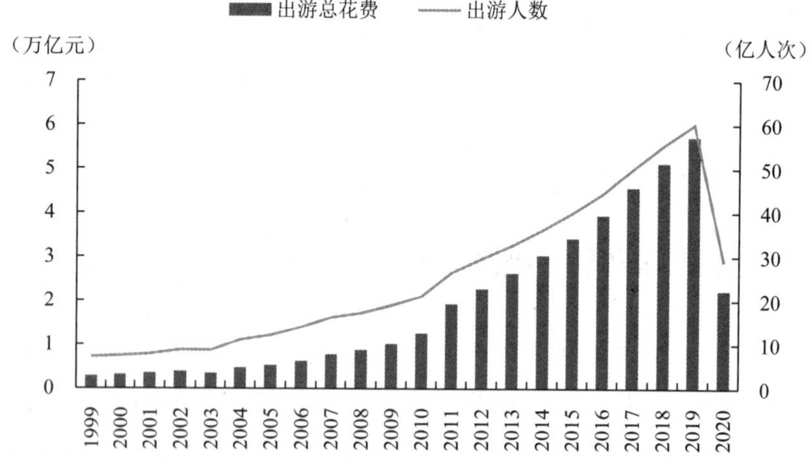

图 2-4 国内旅游接待量和收入规模

数据来源：历年《中国旅游统计年鉴》

旅游市场季度环比逐步走强。新冠疫情对 2020 年国内旅游业发展造成重大冲击，呈现“U”形波动复苏。一季度大幅收缩；二季度受清明节、端午节假日旅游刺激出现小幅复苏，其中 5 月中下旬至 6 月部分地区疫情反弹再次出现收缩；三季度随着跨省旅游的开放，旅游市场进入有序复苏；四季度在国庆节、中秋节假日的引领下持续全面复苏。疫情态势逐渐稳定，夜间旅游、乡村游、自驾游、周边游、康养旅游等专项市场快速升温，中近程旅游市场触底反弹，国内旅游市场处于“先旺丁，后旺财”的良性复苏轨道（如图 2-5）。

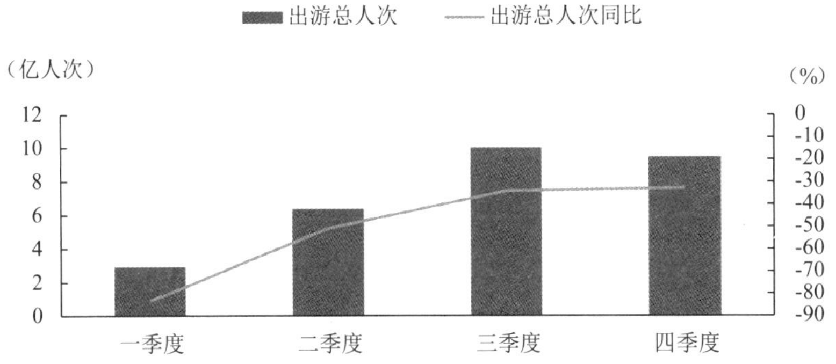

图 2-5　2020 年国内旅游接待量

数据来源：《旅游抽样调查统计》

2020 年全年人均出游花费 774.1 元，同比下降 18.8%。其中城镇居民人均每次花费 870.3 元，同比下降 28.1%；农村居民人均每次花费 530.5 元，同比下降 16.4%。城镇居民人均花费仍远超农村居民。7 月恢复跨省旅游后，出游半径变大，人均停留天数变长，城镇居民人均每次出游花费于第三季度开始逐步回升（如图 2-6 和图 2-7）。

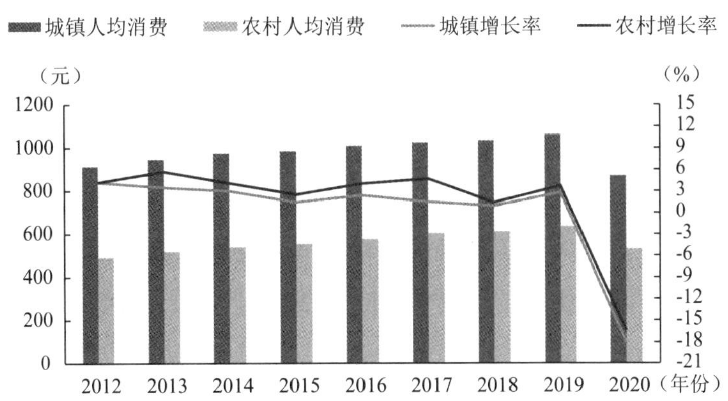

图 2-6　城镇和农村居民国内旅游人均消费情况

数据来源：历年《旅游抽样调查统计》

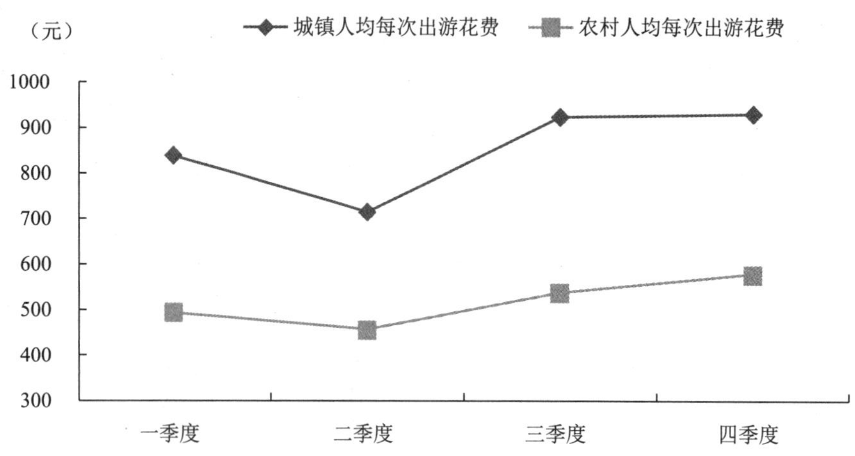

图 2-7　2020 年城镇和农村居民国内旅游人均消费情况

数据来源：《旅游抽样调查统计》

假日旅游成为 2020 年国内旅游市场“压舱石”。中国旅游研究院（文化和旅游部数据中心）数据显示，2020 年清明节、劳动节、端午节、国庆节、中秋节期间，全国旅游接待人数分别为 0.432 亿人次，1.15 亿人次，0.488 亿人次，6.37 亿人次，分别同比恢复 39.6%，53.5%，50.9%，79%，实现国内旅游收入分别为 82.6 亿元，475.6 亿元，122.8 亿元，4665.6 亿元，分别同比恢复 19.3%，36.7%，31.2%，69.9%（如图 2-8）。春节期间，文化和旅游部门按照“把人民的生命安全和身体健康放在第一位”的指示精神，及时将旅游市场政策从“繁荣市场、保障供给”调整为“停组团、关景区、防控疫情”，按下假日旅游市场的暂停键。3 月省内旅游业务开放后，清明节、劳动节、端午节期间，国内假日旅游市场逐步恢复，“本地人游本地”、省市内“微旅行”、预约出行等成为城乡居民在疫情下的新选择。7 月进一步开放跨省旅游后，国庆中秋假期群众旅游需求进一步释放，大空间尺度的地区景区成为热门目的地。为适应假期游客游览和景区接待需求，旅游景区的接待游客量从不超过最大承载量 30% 调整至暑期的 50%，在国庆节、中秋节期间又调整至 75%（如图 2-9）。

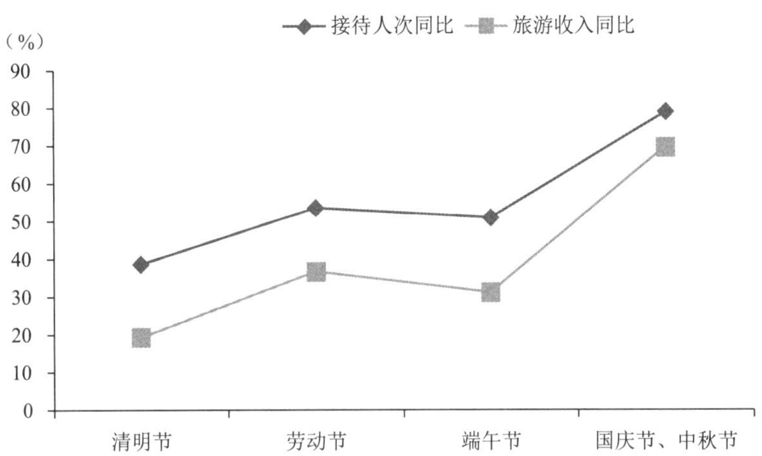

图 2-8 2020 年假日旅游接待指标恢复情况

数据来源：根据文化和旅游部发布的长假旅游相关数据整理而得

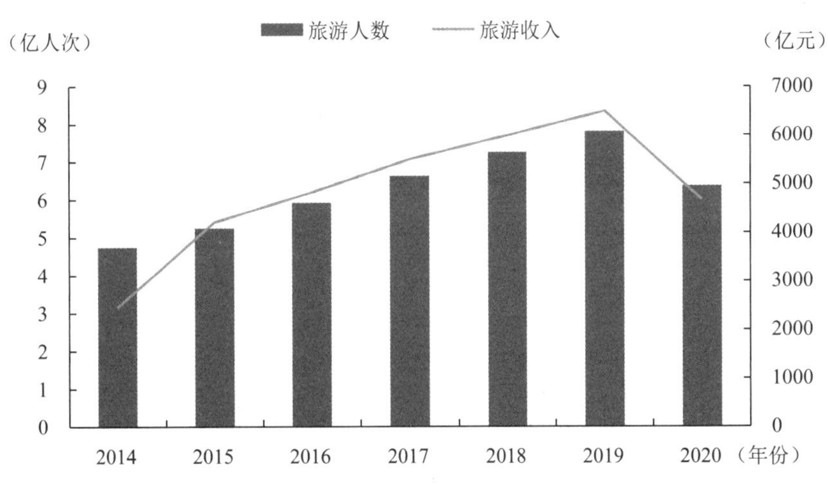

图 2-9 2014~2020 年国庆节长假旅游接待指标

数据来源：根据文化和旅游部以及原国家旅游局历年发布的国庆长假旅游相关数据整理而得

双循环格局下国内旅游发展的潜在空间更加广阔。在常态化疫情防控背景下，一方面，出境游市场出现国内游替代，旅游市场内循环红利加快释放，加快推动旅游内生消费和产业升级形成闭环，促进国内旅游向高质量发展。另一方面，国内旅游在区域内、区域间以及线上线下形成良性互动，激发城乡居民新需求，带动劳动力就业，形成高效且可持续的全国性大循环。区域内方面，各省、市、县深挖本地游、周边游、乡村游、夜间旅游、康养旅游等专项市场，追随城乡居民追求高品质生活和旅游的需求，由提供基本服务向体验型产品转变，集聚内生发展动力。区域间方面，产品互补、客源互送、各尽所长、差异化发展，尽用我国地域广阔、自然人文资源丰富的优势形成良性联动。线上线下方面，“云营销”“云展会”“云旅游”“云演绎”与线下旅游服务、旅游产品对接，拓宽需求侧线上线下的双效感知，从虚拟体验向真实体验延展，形成线上线下循环。随着国内疫情局势逐渐稳定，门票预约、产品预售、线上预览等形式不断成为游客新的旅游习惯。出境游市场转向国内，国内旅游供给在疫情的新需求下不断优化，旅企自救中不断升级产品，通过品质小团游、小众目的地定制游、企业团建等产品挖掘细分市场。疫情之下，国内旅游再也回不到过去，城乡居民对美好旅行生活和文化休闲的向往程度不断提高，旅行场景与休闲活动逐渐嵌入居民美好生活中，游客在祖国大地不仅感慨锦绣风光与大好河山，也沉浸于民族风韵与文化瑰宝之中。

三、区域旅游非均衡格局未变，发展趋势向好

（一）区域间潜在出游力差距呈现出明显的收敛趋势

2020 年，客源地潜在出游力在东中西三大区域之间的比例大约为 6.0∶2.6∶1.4，相比较长期处于“7∶2∶1”的三级阶梯状分布格局，继续呈现收敛趋势。即我国的客源市场有 60% 源自东部地区，26% 源自中部地区，14% 源自西部地区。而从发展趋势来看，东部地区累计潜在出游力所占比重由 2010 年的 70% 下降到 2020 年的 60%，呈现逐年降低趋势。与此同时，中西部地区所占比重在不断升高，累计潜在出游力所占比重由 2010 年的 30% 提升到 2020 年的 40%，区域之间的差距呈现出明显的收敛趋势。

（二）中西部地区旅游业发展速度依然高于东部

全国 31 个省（市、区）旅游目的地发展指数的区域分异依然显著，东部地区由于经济社会发达、旅游产业基础良好，依然是国内旅游目的地的核心区域。伴随着西部大开发、“一带一路”倡议、“旅游 +”以及全域旅游等一系列国家战略的不断推进，中西部地区旅游产业发展速度不断提升，项目和资本逐步向中西部聚焦，中西部的产业化速度高于东部地区。2019 年中、西部地区旅游收入的增长率分别为 16.41% 和 25.24%，超过东部地区的 11.82%。中西部地区旅游发展的后发效应与比较优势逐渐凸显。区域之间的合作与战略连接不断加强，使得旅游业正在成为影响中国经济走向的重要力量，为解决我国区域间不平衡发展问题提供了一定的支撑。

（三）区域之间客流互动加强

区域旅游流空间格局总体稳定，东部地区在旅游客流量和旅游交通便捷度方面均保持较强优势。其中客流量方面依然以东部三大经济区之间、三大经济区与成渝经济区之间、长三角与中部地区之间旅游流为主。旅游通道便捷度方面，长三角内部的便捷度指数在区域尺度相对较高，达到 17.60，省级尺度则以北京流向天津的旅游流相对最强，达到 19.98。从全国范围来看，上海流向长三角内部的旅游流通道便捷度最高，便捷度指数是 17.60，其次是北京流向环渤海内部的旅游流通道便捷度较高，便捷度指数是 9.85，北京流向东北地区、上海流向珠三角经济区、广东流向长三角经济区、广东流向中部地区、湖南流向中部地区内部、湖南流向珠三角经济区的旅游流通道便捷度也较高，便捷度指数均不小于 1。而辽宁流向云贵地区的旅游流通道便捷度最低，便捷度指数仅为 0.06，辽宁流向成渝地区、四川流向东北地区的旅游流通道便捷度次之，便捷度指数均为 0.1。旅游流的快速增长带动着资金流、信息流、人才流以及文化流的互动发展，为区域间均衡发展起到促进作用。

四、国家级旅游休闲城市和街区建设成为旅游发展的重要导向

（一）以特色文化铸魂塑造高品质休闲城市和街区

文化休闲，人民素来有需要。据中国旅游研究院（文化和旅游部数据中心）2018 年国民休闲专题调查，五成以上受访者在节假日和周末选择文化娱乐和旅游活动，文化消费和旅游休闲已成为城乡居民日益增长的基本生活需求。文化将进一步加强游客与目的地居民生活的有机链接，提升旅游休闲城市和街区自我赋能的高效性。特色文化的塑造，不仅要借助承载历史的传统文化资源，还应彰显孕育红色基因的革命文化，体现社会主义现代化进程中弘扬人类共同价值的当代生活和面向未来的文化，这些都是打造国家级旅游休闲城市和街区取之不竭、用之不尽的文化新动能。

（二）以共享包容布局打造美好生活新空间

国家级旅游休闲城市不只是中心城市的专属，中小型城市和县域中心城市也拥有同样的发展机会。国家级旅游休闲街区不仅指向历史文化街区，指向过去，也同样指向未来，包括现代化都市的时尚商圈。目前，从国际到国内，已形成一批承载悠久历史、彰显现代时尚与繁荣的世界知名商圈和街区，如纽约第五大道、东京银座、巴黎香榭丽舍大道，以及台北的忠孝东路，还有上海的南京路、广州的天河路、重庆的解放碑、成都的春熙路等，这些本地市民流连忘返的休闲空间，同样也是外来游客购物休闲的好去处。无论是历史文化名城、古村古镇、历史街区，还是现代都市、卫星城镇、时尚商圈，只要同时承载经济社会发展和传承历史、繁荣文化功能，都可能是主客共享的美好生活新空间，也都可能发展成为国家级旅游休闲城市和街区。

（三）以人民满意为本营造触手可及的温暖和休闲氛围

中国旅游研究院（文化和旅游部数据中心）过去12年、40多个季度对全国60座城市的游客满意度进行跟踪调查，研究表明，城市的品质和温度，是打动人心的持久力量。国家级旅游休闲城市和街区建设不仅要有完善的旅游基础设施、便利的公共服务体系和优越的商业环境，更要营造完善的商业体系、高品质的生活环境和现代化的治理生态，形成整体休闲氛围的安全、秩序和品质感，让游客和居民能感受到触手可及的温暖，才是建设的根本宗旨和可持续发展的保障。

（四）以量化指标推动优化国家级旅游休闲城市和街区空间布局

依托社会经济发展水平、休闲度假市场基础、旅游资源综合禀赋，综合统筹区域平衡，形成东部核心引领、中西部统筹发力的休闲度假空间格局。到2025年，共建成100座国家级旅游休闲城市、500个旅游休闲街区。其中东部地区34座国家级旅游休闲城市、400个旅游休闲街区；东北部地区建设90个旅游休闲街区；中部地区建设24座国家级旅游休闲城市、200个旅游休闲街区；西部地区建设35座国家级旅游休闲城市、310个旅游休闲街区。

第三章
入出境市场与旅游交流合作

一、入境旅游市场

（一）新冠疫情中断入境旅游市场原有的增长态势

自 3 月 11 日世界卫生组织宣布新冠肺炎疫情为“全球大流行”以来，我国主要客源市场均在不同程度上爆发新冠疫情，纷纷关闭边境，来华旅游直接受阻。与此同时，为防止境外疫情输入，保卫国内疫情防控取得的宝贵成效，我国自 2020 年 3 月 28 日起，暂时停止外国人持有效来华签证和居留许可入境，同时暂停各类优惠签证政策。虽然在 8 月 12 日之后放开澳门来内地旅行，9 月 28 日起，允许持有效中国工作类、私人事务类和团聚类居留许可的外国人入境，但这只适用于一部分常年居住在中国工作或学习、已经持有特定类别居留许可的外籍人士，并不包括持有旅游签证的广大入境游客。

在客源市场和目的地的双重防控措施下，2020 年我国入境旅游将出现大幅下滑，根据中国旅游研究院（文化和旅游部数据中心）的统计数据，2020 年上半年，我国共接待国际游客 1453.7 万人次，同比下降 80.1%。其中，入境过夜游客 525.7 万人次，外国游客 296.7 万人次，分别下降 84.1% 和 80.9%。在疫情没有得到彻底控制前，2020 年全年，我国入境旅游将延续上半年的大幅下滑态势，2020 年，预计同期入境旅游人数 2747 万人次，同比减少 81.1%；实现国际旅游收入 149 亿美元，同比减少 88.7%。

根据可比口径，不考虑港澳台地区，2020 年我国入境旅游的前十大客源市场分别是缅甸、越南、韩国、菲律宾、俄罗斯、蒙古国、日本、美国、印度和马来西亚。受新冠疫情影响，2020 年上半年以上主要客源国旅华游客数量均出现大幅下滑。其中，越南、韩国、日本、美国和马来西亚旅华游客人数下滑幅度超过 80%，菲律宾旅华人数下滑幅度最小，为 -49.1%。

（二）入境旅游市场的重启可期

有效疫苗使全球疫情得到控制后，国际旅游市场将顺势重启。目前，针对新冠肺炎的有效疫苗已研发成功，预计在 2021 年将大面积推广。在国际游客做好免疫工作，新冠肺炎不再构成流行性威胁后，国际旅行中的传染问题将得到较好的控制，国际旅游随之变得可行。

国内高效疫情防控带动入境旅游领先恢复。我国疫情防控局势不断稳固，自 3 月逐步放开国内旅游之后，国内旅游的快速恢复备受全球瞩目。国庆长假期间，国内旅游同比恢复比例达 80%。在未来国际旅行逐步开启后，我国国内旅游率先恢复将直接带动入境旅游的快速恢复。一方面，我国国内旅游在全球范围内的率先恢复为潜在入境游客释放中国旅行安全的信号，表明中国旅行安全度高，旅行安全防范措施成熟有效，这将直接提升潜在入境游客疫后来华旅行的信心。另一方面，国内旅游经此疫情，旅游行业倾其所能来满足需求越来越高的国内游客，旅游产品和服务品质进一步提升，客观上为入境旅游的高质量发展打下基础。为加强疫情期间旅行的安全性，地理空间上更加分散，但体验品质更高的小众旅游目的地层出不穷，客观上为入境游客提供了更多的目的地选择。与此同时，更多的旅游目的地采用云游直播活动的形式，采用 AR、VR 等新技术，文化体验元素也更广泛、有效地被植入旅行活动，旅游目的地的数字化建设更上一层。再者，目前正在大力推进的世界级旅游景区和度假区也将为潜在入境游客提供更优质的接待服务和体验。可以预见，疫情倒逼国内旅游目的地发生的种种变革也将客观上提高未来我国入境旅游的服务效率和品质。

（三）促进入境旅游市场恢复的建议

需继续推进旅游签证便利化进程。旅游相关部门要与外交部、公安部及国家移民管理局积极协商，针对疫后需要重点开发的客源国家 / 地区（如韩国等疫情控制较好的周边亚洲国家）实施灵活的签证政策，如免费延长疫情期间过期的签证，在一定时期内实施签证费用减免或者落地签政策。

大力扶持优质企业。相关部门应开展入境旅行服务企业摸底调查，逐步建立并更新入境旅行服务企业数据库，实时把握入境旅行服务企业的经营状况，根据企业的经营模式进行分类，为保障入境旅游振兴及产业高质量发展提供第一手资料。在资金和精力有限的情况下，优先扶持已形成自身品牌、创新经营模式、开发和提供优质产品和服务的企业，为我国入境旅游市场留住更有增长潜力的市场主体。

联合专业智库开展研判工作。面对严峻的国际疫情发展态势和日益复杂的国际形势，我们需要科学地对国际旅游的发展态势进行研究和预判，为政策的制定提供科学合理的依据。相关部门要进一步加强与研究机构、院所以及专业智库的合作，围绕国家发展战略，以问题为导向，开展前瞻性研究。

以“安全”和“健康”为关键词重塑旅游目的地形象。积极发挥政府的主导作用，对内做好安全防范措施，建立对外信息披露机制。旅游营销推广部门可将最新的疫情信息及疫情防控措施叠加到旅游目的地地图上，形成实时更新的疫情旅游地图，方便客源国家 / 地区的潜在入境游客进行目的地选择。对外出台优惠政策，释放善意和友好。可发挥中国驻外大使馆、旅游办事处、海外中国文化中心等与当地政府及媒体密切关系的优势，为鼓励当地居民来华召开发布会，向当地媒体和民众发布签证、机票优惠等政策。“多方参与”则指旅游推广部门可充分联合媒体、行业组织、企业、留学生等民间力量，传递安全、健康的旅游目的地形象。

二、出境旅游市场

（一）全年出境旅游市场收缩达九成

在疫情冲击下，2020 年的出境旅游发展基本停滞。自疫情爆发以来，海关总署、国家移民管理局等单位联合发布，国民非必要不参与出入境旅游的建议，减少人员跨境流动。从农历大年三十开始，旅游系统的工作重心由“繁荣市场、保障供给”调整为“停组团、关景区、控疫情”。1 月 24 日，文化和旅游部办公厅下发《关于全力做好新型冠状病毒感染的肺炎疫情防控工作暂停旅游企业经营活动的紧急通知》，要求所有“线上旅游产品”和旅游团全部停止出行，所有旅行社暂停组团和地接业务。全国公安机关出入境管理部门暂停受理、审批、签发内地居民赴香港、澳门团队旅游、个人旅游（含深圳“一周一行”）签注。至今也暂时未恢复旅行社及在线旅游企业出入境团队旅游。受疫情影响，出境旅游市场几乎处于停滞状态。2018 年、2019 年的 1~6 月出境旅游人数的同比增长率皆为正数，而2020年的1~6 月出境旅游人数的同比增长率皆为负数。全年，预计我国公民出境旅游人数 2036 万人次，同比减少 86.8%。

虽然疫情使我国出境旅游市场发展暂时中断，但是政府相关方的努力一刻也没有中断。文化和旅游部门积极作为，在坚决保障出境游客生命安全和身体健康，维护合法权益的同时，还从产业端发力，先后推出了暂返旅行社质量保证金、恢复省内旅游业务、景区预约开放、调整旅游发展基金使用方向等支持旅游企业的政策，指导地方旅游部门和旅游商会、协会等行业组织，积极协调和多方争取有利的财政、金融、产业、投资政策和稳岗补贴。直接或间接地提升了出境旅游市场主体的信心、增强了生存发展的能力，有益于出境旅游的复苏和振兴。

（二）出境旅游目的地和国内市场主体积极抗疫

主要出境旅游目的地一方面采取关闭边境、切断交通等方式防控疫情影响，另一方面扶持和帮助旅游企业，这也包括以中国市场为主要目标的旅游企业。同时，坚持开展各种形式的联系和推广，力图在未来争夺我国客源的竞争中保持优势地位。这些措施与我国采取的疫情防控措施一起，产生了多重作用，虽然目前以我国为客源地的出境旅游活动暂时失去了开展的基本条件，基本停止，但是出境旅游目的地也在用行动表明对中国出境旅游市场的信心，力求为未来中国游客的到来做好准备。疫情下，中国出境旅游企业反应迅速，在保障游客生命和健康安全，维护游客权益的同时积极自救，谋划和准备未来。疫情暴发初期，第一时间启动安全保障机制，暂停业务经营，全力抗疫。推出免费退改，升级重大灾害保险等措施，全力保障旅客的安全。分布在世界各地，带团出境的领队、导游尽己所能在境外采购防疫物资，并采取自行托运或通过航空公司等方式，将境外生产、符合医用标准的疫情防护用品带回境内，缓解了当时防疫物资不足的问题。

同时，出境市场主体尽力缩减成本费用支出，努力争取活下来。在复工复产阶段，积极修炼内功，培训员工，对各类业务的服务标准进行优化和升级。不仅力求维护好与目的地和资源方关系，通过直播、线上业务探讨、产品预售等形式保持竞争力。同时积极布局新兴业务市场，探索新的经营模式。一些市场主体尝试转战国内旅游市场，聚焦有潜力的业务模块。大型旅游集团、以出境旅行社和 OTA 为代表的旅行服务业、出境旅游产业生态圈的投资商、资源商、供应商、分销商、代理商和合作伙伴，积极转型，探索疫后旅游业的新常态，开展了大量卓有成效的自救措施和互助行动。这些行动既包括资本和市场层面的举措，也包括广受行业和社会关注的直播带货。可以看到，有的出境旅行社“在线”发力，瞄准网红经济新风口，推出线上商城，直播带货。有的借力海南自贸港，布局旅游合作项目。有的积极研究游客心智模式的变化，积极开发产品，强化培训员工，希望推出更有竞争力的出境旅游产品。

（三）支撑出境旅游市场长期向好的因素仍旧保有

近年来，中国经济社会的发展成果有力地推动了出境旅游市场的扩容。2010~2019 年，我国国内生产总值一直保持着持续增长状态，经济平稳。2019 年，有 11 个省市的人均 GDP 超过了 1 万美元，其中北京、上海和江苏的人均 GDP 居全国前三位。2019 年，我国人均 GDP 达 10276 美元，首次突破 1 万美元大关。我国正由中高等收入国家向高收入国家迈进，代表着国家综合经济实力和社会财富的增加，人民有了更多可能参与出境旅游活动。尽管 2020 年遭受了新冠肺炎疫情的冲击，我国国民经济依然保持了强劲的韧性和坚定的增长态势。2020 年前三季度国内生产总值同比增长 0.7%，增速成功由负转正，主要经济指标呈现向好态势。这些表明出境旅游发展的经济支撑依然强固。可以看到，各省（区、市）客源地潜在出游力保持收敛态势，典型城市的出境旅游潜力保持稳定，包括交通、签证、支付、语言环境等在内的出境旅游发展环境持续优化，都有利于出境旅游的长期向好。

（四）出境旅游市场发展趋势和建议

从当前全球疫情防控形势看，新冠肺炎疫情呈现出明显的不均衡性。有些地区得到了较为有效的控制，有些地区依然在持续蔓延，还有的已经缓解的疫情又突然加重。大部分目的地总体上依然持谨慎态度。即使试探性开放，当前过境的行政手续将比原来更复杂，安全检查也更严格。由于疫情防控形势不平衡，不能够满足安全的需求，因此我国当前暂时不开放包括出境旅游在内的跨境旅游。2020 年 10 月 21 日，《文化和旅游部办公厅关于进一步加强秋冬季疫情防控工作的通知》正式发布。其中明确了暂不恢复旅行社及在线旅游企业出入境团队旅游及“机票 + 酒店”业务。

未来我国出境旅游的恢复和发展，取决于多重因素的综合作用。有疫情的防控形势、国际环境的变化以及经济的景气程度，也有人们心智模式的变化、社会经济结构的变化和科技的发展进步。其中有根本性因素和长期因素，也有影响因素和短期因素，各种因素交织，共同发挥影响。疫情防控进入常态化，但外防输入，内防反弹的防控压力依然很大，任何时候都需要将人民的生命安全和身体健康放在第一位。无论出境旅游还是入境旅游的重新开放，都取决于世界疫情的防控形势。从疫情防控形势看，明年按此趋势可能稳中向好。最坏的时刻已经过去，最好的时刻还未到来。主要目的地国家和地区恢复开放的心情迫切，但绝对不能在时机未成熟的时候冒无谓的风险。从长期看，出境旅游迟早会开放，当前新冠肺炎疫情的影响不会改变出境旅游向好的势头。

中国国内旅游市场正在加速复苏，也表现出偏爱安全、健康产品的特征。国内旅游市场的消费偏好有可能传递到未来的出境旅游市场。安全、健康和品质将会受到普遍关注和重视。在此期间成长演进和已经形成较强竞争力和较大影响力的国内目的地和高端旅游产品，在相当程度上会产生替代效应，影响一些出境旅游目的地和类似出境旅游产品的吸引力。从这个意义上讲，未来的中国出境市场会对目的地和旅游产品更加挑剔，更加偏好高品质的产品供给。这就需要市场主体根据我国和世界防控疫情的形势以及游客心智模式的变化，合理规划疫中、疫后等不同阶段的推广重点和对应的产品供给策略。重点推广安全性高、满意度高和吸引力高的境外目的地，以及系列特色出境旅游产品。

三、国际旅游交流合作

虽然疫情阻碍了国际旅行活动，但国际旅游合作从未停止。2020 年 6 月 4 日，第七届中韩旅游合作研讨会在线举办。研讨会主题为“疫情影响与旅游振兴”，由中国旅游研究院、韩国文化观光研究院联合主办。研讨会分享了彼此防控新冠肺炎疫情、推动旅游业复苏振兴的有益经验，进一步深化和加强两国旅游业的交流与合作。来自中韩两国的主办方领导、两国旅游官产学界代表和主流媒体 400 余人注册参会，研讨会采用专业会议系统，进行线上活动和研讨。再如，7 月 16 日“中国—阿联酋旅游合作论坛”以数字化的形式亮相“云端”，其中以“文旅行业的数字化转型与创新”及“文旅行业典型案例和实战经验分享”为主题的两场并行分论坛，以文旅行业的数字化转型与创新、文旅行业典型案例和实战经验分享为主线，站在国际交流合作前沿的嘉宾们畅谈合作、共享信息，为文旅数字化技术创新提供更多力量。

新冠肺炎疫情暂时中断了国际旅游交往，但伴随全球抗击疫情的成效不断显现，国际旅行终将重启。在这个时候，更需要相向而行的意愿和更积极的行动。随着部分国家和地区疫情防控进入可控阶段，可继续探索逐步开启入境旅游的政策。通过数据分析和疫情研判，确定部分优先开放的国家和地区，通过国际合作和协商，执行健康码互认、签证和航空互惠等举措，开启彼此的国际旅游市场，在保障安全的情况下的陆续开放国门，迎接国际游客。

疫后的国际交流合作，需要更多的发挥专业化和市场化机构作用。推动在旅游行政主管部门下设专职的旅游推广机构的可能性。鼓励地方政府和国际目的地城市设立专业对外旅游推广机构，审慎推进国内旅游目的地城市在海外设立代表处。在高质量专项统计、数据挖掘和国别研究的基础上，国家和地方旅游推广机构制订国际旅游交流合作中长期规划和专项行动计划，积极探讨如何吸收、容纳和借助文化的力量，提升海外旅游推广的专业化程度和工作效能。与此同时，也需要积极谨慎地探讨小范围易调控的出境安全旅游可能性。探讨研究开放条件，这些条件包括有成熟的联防联控机制、相互间病例“零输出”记录、互为重要的客源地和目的地、有充足的接待能力等。将出境旅游的安全和健康风险降到最低限度的同时，尽可能地保障出境旅游的便利性。适当的技术引入是保障出境旅游正常开展的重要方面。

第四章

旅游供给和产业运行

突发的新冠疫情不只重塑了消费需求，更是对旅游业供给侧的结构、趋势与竞争格局产生深刻的影响。疫情下短程化、本地化、品质化特征更加明显，外来游客的旅游体验和本地居民的休闲消费正加速融合，旅游产业在广泛拥抱科技与文化的同时，正不断打开自身的边界，在与其他产业的融合中创新供给，带来更优质的游客体验，也使旅游目的地真正成为主客共享的美好生活新空间。

一、旅行服务业：大冲击引发大变革

在行政主体、市场主体、NGO 组织、游客多方共同努力下，旅行服务业的抗疫取得了显著成果，正加速进入复工复业复产的新阶段。截至 2020 年年底，旅行社行业复工率已超 70%。应该说，“传统”旅行社的转型在疫情前已是广受热议的话题，在线旅行服务商在疫情中积极探索尝试自救转型之路，诸多俱乐部、社群、兴趣小组、甚至达人等虽无旅行社之名却行旅行社之实的各类主体已成为不可忽视的新兴力量，以上都从不同维度折射出疫情下旅行服务业这个多面体的真实样子。从产品创新到服务提升、从跨界主体进入到全行业人力资本提升、从流量分散化到渠道多元化、从数智化转型到供应链革新、从将多主体纳入公平监管到行业营商环境优化，旅行服务业正面对更大的挑战，也面临着新的发展机遇。

不同于其他类型突发事件，新冠疫情引发了对需求端与供给侧的双重冲击，消费者信心重构、疫后游客行为偏好变化、常态化的防疫压力，都使得旅行服务业的复苏面临不小的挑战，亟须冷静思考疫情对行业造成的深刻影响、疫情中行业暴露的问题，以及疫后行业可能出现的新趋势。

（一）契约引领："无损退订"彰显行业担当

"退订"是疫情突发后旅游业面临的第一个大考，既见证了行业企业的责任担当，也反映出行业内法律知识与意识较薄弱的现状，更折射出行业整体应对突发事件的协同机制仍待确立。从"大规模退订"出现到"无损退订"的提出，众多头部旅行服务商勇于承担责任，自行垫资数亿元为游客提供无损退订和免费取消服务。一方面，极大缓解了疫情下的各方焦虑，保障了消费者利益，为行业平稳发展做出显著贡献；另一方面，诸多中小企业及供应商无法承受巨大的资金链压力，使得退订承诺在事实上转变为行业内的竞争门槛，加速了行业洗牌。

游客与企业的纠纷更多来自于对"无损退订"和相关法律条款的认知差异。根据《旅游法》第 67 条规定，"因不可抗力影响旅游行程……合同解除的，组团社应当在扣除已向地接社或者履行辅助人支付且不可退还的费用后，将余款退还旅游者"，意味着无损退订并不等于全额退订。纠纷处理过程中，旅游社业务的特殊性加大了举证与仲裁难度，无论企业还是游客，都需要加强法律意识和法律知识。一个产业成熟而理性的发展，不仅要有勇于承担社会责任的市场主体，也要有尊重契约的消费者，更需要完善的规则和体制，以及对契约怀有敬畏之心的社会环境。疫情等不可抗力风险的出现，不是第一次，也不会是最后一次。如果再次遭遇类似事件，行业内是否能够建立更加合理、更具实操性的风险共担机制；是否可以通过保险创新、供应链金融、数字化供应链管理等新型解决方案，使疫情应对更加从容；如何完善从行政主体到市场主体的应急预案体系，构建应对各类突发事件的政策工具和市场工具池，需要在疫后做深度思考和切实探索。

（二）人际分发：直播带货扩展产业空间

根据中国旅游研究院（文化和旅游部数据中心）自主调查研究，21.7% 的企业在疫情期间尝试了直播带货；43.4% 的企业将微信、抖音、小红书等平台作为主要营销渠道。旅行服务业在经历了多轮的技术变革后，旅游产品的分发经历了"从门店到人""从平台到人""从人到人"的渠道变迁，"前人后厂"的模式将进一步改变商业逻辑与产业组织方式。

当人本身成为渠道，个人品牌时代已然到来，无论是直播带货还是社群运营，都是“人·货·场·支付”甚至部分产品瞬时交付的一体化实现，打破时空的限制，指数级放大每个人能够连接到的客户和资源。当个人走到台前，行业内部产生了定制师、旅行顾问这样的新职业，未来在强大的供应链体系和数字化技术的支撑下，类似“旅游经纪人”的买手模式是否会出现，有待进一步观察。

（三）供应链变革：价值共创夯实高质量基础

供应链正从隐藏于企业背后的支撑能力，外显为一种端到端的服务能力。过去，消费者很少能感知到企业供应链的存在，原因在于供应链对消费者是不直接触达的。但是现在，上午订购的旅行产品下午就要使用，即刻要出发了才想起咨询定制师，这些即时交付服务的能力都来源于新型供应链的支撑。

旅行社业供应链还在朝着“更短更丰满”的趋势变化。短是由行业去中介化带来的，航司、酒店、景区的直销冲动、平台和下游企业对资源的直采需求，都表明了旅游供应链的短化趋势，也就自然会有企业被淘汰，也有新型企业的进入；丰满是指在变短趋势下，越来越多的新业态主体进入供应链，往往体现在资源端的供给，尤其是产品研发与内容生产方面，使得短化后的供应链显出了更丰满的样子。随着生产与消费边界的打破，供应链也从原来的单向度向着价值共创的方向发展，在共创共益的导向下，生产者和消费者都是核心。

（四）破与立：融合发展改变行业格局

“旅行社过时了吗？”“团游还有未来吗？”“导游还会存在吗？”这些问题在疫情之下被讨论得越来越多，放得越来越大。事实上，每一个行业都有成熟的头部玩家，经历了行业的快速成长，面对新的竞争和环境也忧心忡忡、寻求变革；每个行业里也都有稚嫩的新进入者，它们甚至还在学习行业的既有规则，但会尝试用新的逻辑、勇气与创新去打破旧例，塑造新的规则与秩序，这两种力量一起构成了产业生态，于竞合中共同推动行业发展。若放宽旅行服务业的范畴，就会理解不是旅行服务业当下亟须转型，而是广义旅行服务业内的创新从未停止，新的市场主体从未停止进入，只是可能没有冠以旅行社这个名字。

诸多俱乐部、兴趣小组、教育机构、网红达人都在行旅行社之实但不具旅行社之名，从这个角度来看，应使各类市场主体承担共同而有区别的被监管责任，否则会造成事实上的非正当竞争。散客化趋势并不意味着所有的旅行服务都能被取代。细分市场是旅游的未来，大众旅游时代的到来恰恰伴随着大众市场被不断蚕食，细分市场快速崛起的过程。每个游客的画像都被贴上更细颗粒度的标签，每次出行的动机都可能更加具化，这些个性而细分的市场需求都需要旅行服务商以更创新更专业化的服务去满足。

正在变化中的旅游业将不再是没有门槛的行业。当更多的主体跨界而来，旅游业也正无处不在地渗透进其他行业，这种融合正在改变行业格局。如果说传统标准化打包产品的门槛并不高，那么这些来自教育、体育、康养、冰雪、金融、文化艺术等各个领域的跨界主体的专业技能门槛却着实不低，使得一个又一个细分市场正在成为有进入壁垒的领域。正因为如此，旅行服务商们不必焦虑团游有没有未来，而是应该思考如何给游客一个组团的理由，因为“团”是旅游社交属性的最直观体现，也是旅游业在快速变化中保持不变的重要属性之一。

二、旅游景区：旅游治理水平提升的前沿阵地

（一）科技应用助力景区复工复产

2020 年年初新冠肺炎疫情爆发，此后，景区随着疫情的变化和不同防控阶段，经历了从全面关停到复工复产的过程。

1. 疫情爆发初期：景区积极响应防控政策，基本关停

2020 年 1 月 24 日开始，各地景区响应抗疫要求，基本关停或限流。各类年会庙会等活动取消，易造成人员密集的市内场馆、狭小空间基本关闭。图书馆、文化馆、博物馆、非遗馆、电影院、剧院等文化场馆纷纷按下暂停键。疫情限制出游期间，景区纷纷开通线上游览服务，各地“文化四馆”利用动漫、游戏、VR、AR 等新形式、新技术，提供全息影像欣赏、虚拟触摸、沉浸式体验服务，

越来越多宅在家的人开启“云游”模式，线上旅游人气旺盛。

2. 复工复产期：景区分类有序开放，谋划振兴

2020 年 2 月 10 日春节假期结束后，防控新冠肺炎疫情开始进入了新阶段，在进一步防控传染的同时，旅游景区开始谋划有序恢复生产。此后景区响应国家逐步开放的政策，景区接待游客量逐步上升。接待游客量从不得超过核定最大承载量的 30%，到 50%，再到 75%。与之相应的，景区的复产也经历了从清明节小长假景区回暖到五一假期市场复苏，再从端午节到国庆、中秋双节全面复苏的过程。在此期间，为应对限流、预约、错峰、防疫的需求，线上预约订票、红外线测温仪、电子围栏、电子导览等科技手段在景区得到广泛应用。

（二）文旅融合丰富景区内涵

1. 休闲度假类景区对游客的吸引力上升

中国旅游研究院（文化和旅游部数据中心）持续调查显示，2019 年景区游客依然以休闲度假和游览观光为主。其中选择休闲度假作为主要旅游目的的景区游客数量占总游客数量的 48.04%，再次超过以游览观光为主的景区游客数量（35.42%）。过去的一年，居民生活水平继续提高，脱贫攻坚战取得重大成效，在乡村振兴、文旅融合、全域旅游、区域一体化等国家战略驱动下，休闲度假已经成为人民幸福生活的新指标。同时，休闲度假与游览观光并不是非此即彼，二者的融合度也在不断提升。

2. 夜间游产品成为景区发展的新蓝海

根据中国旅游研究院（文化和旅游部数据中心）调查，游客夜游意愿不断提升，夜游市场需求广阔。2020 年 8 月景区夜间游客量是 1 月的 1.76 倍；全国 5A 级景区夜间开放率 22.8%；4A 级旅游景区夜间开放率 20.4%。老场景不断开放，传统景区、文化场馆相继推出夜游，且评级越高开放比率越高。一方面，随着夜游产品的丰富多元和夜游环境的日臻完善，未来夜游需求将持续旺盛。另一方面，夜间旅游的诉求对夜游产品也提出了更高的品质要求，促使市场主体不断推陈出新满足游客需求。

3. 文化类景区对游客的吸引力日益提升

中国旅游研究院（文化和旅游部数据中心）调查数据显示，仅在2020年国庆节、中秋节长假期间就有85.0%的游客参与了各类文化休闲活动，其中参观历史文化街区、博物馆、美术馆的游客比例分别为41.8%、40.5%和27.1%。文博场馆越来越成为广大游客愿意到访的新空间。多数游客愿意参与目的地文化活动，分享目的地美好生活。

4. 冰雪旅游、避暑旅游持续升温，助推相关景区提质发展

在"冰天雪地也是金山银山"发展理念指引下，我国单个冰雪季冰雪旅游人数首次超过2亿人次，冰雪旅游大众化时代来临。据测算，2019年冰雪季我国冰雪旅游人数为2.24亿人次，冰雪旅游收入约为3860亿元，分别比2017年、2018年冰雪季增长13.7%、17.1%，冰雪旅游维持快速增长势头。冰雪旅游正在成为老百姓的一种时尚的生活方式，冰雪旅游消费成为老百姓常态化的消费选项。同时，2019年的避暑旅游市场也进一步升温，出行游客选择避暑地的意愿较高。潜力巨大的冰雪游、避暑游需求推动了相关旅游目的政府和企业对避暑、冰雪景区的投入，从而加快景区的转型升级。

（三）更高的游憩空间诉求倒逼景区接待体系生变

1. "去人少点的地旅游，和少点人去旅游"更受青睐

"安全的旅游"成为景区旅游供需的共识。中国旅游研究院（文化和旅游部数据中心）调查数据显示，"旅游"是疫情期间中国人最关注的话题之一。39%的受访者表示经常关注旅游和优惠促销信息，在如何刺激2020年旅游的措施调查中，安全保障、假日优化和景区优惠占比最高。在对疫情过后计划"和谁一起出游"的调查中，和家人一起出游的受访者占比42%，位居首位，景区将迎来家庭休闲游的需求上涨，加速景区品质提升成为重中之重。此外，减少接触成为景区消费决策的重要一环。从预订渠道看，在线旅行平台（OTA)成为第一考虑的选择。

2. "对自己好一点，对家人好一点"成为景区旅游需求的更重要内容

旅游景区需求加速分化，更加专注于小而美、小而精等生活场景类的新型

景区，带有温度的旅游产品更受消费者青睐。疫情结束以后，居民倾向于满足自身最深层的心理需求，缓解压力，重塑安全感，重新获得生活的意义和价值，带有“治愈系”特质的文化景区类产品，将更受关注。据中国旅游研究院（文化和旅游部数据中心）调查数据显示，家庭旅游收获中，放松、快乐排第一，比例为 79%；有 67% 认为家庭旅游有利于家庭和睦；有 54.10% 认为家庭旅游可以增加阅历。居民更愿意与家人、伙伴一起分享更加美丽的景区、体验更有品质的生活。

（四）景区发展要见人见物见生活

1. 旅游景区发展要引入社区社群的概念

旅游景区发展要引入社区社群的概念，见人见物见生活，还要见未来，实现消费互联。生活是衣食住行，需要社会资源和人间烟火的滋养，互联是要借助不断进化的信息智能技术让度假区的游客、景区、酒店、餐厅、博物馆等互动变得更加容易、更有温情、更少摩擦。任何时候，任何地方，人的连接都是最好的旅行。旅游景区要致力于成为新时代以人民为中心，依靠人民推动旅游业高质量发展和供给侧改革的全新产业空间。

2. 旅游景区要分类分级管理

为推进景区高质量发展，既要考虑强制和推荐性的国家标准（GB）、地方标准（DB）、行业标准（LB），更要考虑企业标准。不能动不动就是走定标、申报、验收、发布的老路子。标准化是过去四十年发展旅游行之有效的抓手，主要是政府行政主管部门在推动，市场主体更多是被动的参与者。对于中国这样一个拥有 14 亿人口的发展大国来说，旅游景区和休闲场所的供给既需要分级，更需要分类。

三、旅游住宿业：疫情推动供给侧改革提速

受新冠疫情影响，我国经济增速明显退坡，国家提出了扩大内需战略，以

对冲经济进一步下行风险。处于疫情风暴中央的旅游业受损最为严重，国际旅游几乎完全停滞，国内旅游的重要性空前凸显。在多国实施全民免疫和我国防控常态化情况下，国内旅游近乎成为推动我国旅游业发展的唯一动力，直接决定着我国旅游业未来一段时间的走向。作为旅游产业链上重要一环的住宿业也迎来大变局，需要做好打持久战的准备。

（一）全年旅游住宿业现深“V”形反弹

1. 下半年住宿业进入有序复苏的良性轨道

疫情发生之后，2~4 月全国酒店平均出租率跌至冰点，只有往年的 1/4 左右。5~7 月有所回升，平均出租率达到往年的 50% 左右；随后，逐渐恢复至往年 70%~80%。部分城市恢复情况会好一些，但总体平均房价较往年有较大幅度下降。酒店投资规模也受到较大影响，很多酒店暂停、延期或取消。虽有少量酒店就此关门息业，但绝大多酒店仍然正常营业，也没有破产或倒闭潮出现。酒店经营业绩下滑，也导致与之相关联的酒店用品供应商、农产品供应商等酒店供应链上的企业受到连锁冲击。

2. 安全和卫生成为住宿需求的核心

如果说中央“八项规定”导致政务需求和国企商务需求规模大幅减小和档次大幅降低，社会消费崛起，新冠疫情则使得大量商务活动可以通过在线会议、在线培训解决，而不必亲临现场了。商务和政务旅行大幅减少，政务和商务需求进一步萎缩；观光、休闲和度假旅游受居民收入下降和跨省团队游限制、景区限量开放、演出场所预约限流等措施影响也大幅降幅。但在中长途旅游大幅减少的同时，疫情导致消费偏好变化，客人更加关注酒店品质、健康、卫生和安全，对智能化、无接触式服务需求增加；城市郊区和周边休闲、度假、健康、亲子等旅游业态受到青睐。特别是城市郊区休闲度假，时间成本和交通成本等在内的消费成本降低，消费者可以将更多预算用于旅游体验消费，消费频次也会提高。同时，部分出境旅游需求受阻后转向国内旅游，部分弥补了入境游客停滞后的损失。

3. 变化的需求倒逼旅游住宿业供给侧改革

部分国内游客消费预算降低，对价格更为敏感，性价比更高的中端和经济型酒店受到欢迎。由出境旅游转化为国内旅游的这部分消费者，对住宿业态创新和服务品质要求更高，目前国内产品匹配度不够，需要有更多高端精品酒店、度假酒店等高品质的国际替代品来满足需求，特别是对海南来说这可能是一个巨大机会；城市周边旅游兴起，要求提供更多休闲度假、健康疗养、亲子研学等主题酒店业态；对于入境客源占比高的高端国际品牌酒店，面对入境客源遽降，必须快速做出反应，迎合国内客人的需求。无接触或低接触智能服务、全新升级的送物机器人以及客房 Mini 消毒柜等创新产品相继在国内各酒店落实试点。

（二）疫后住宿业存量博弈凸显

1. 消费者更加关注健康和安全

未来消费者将更加关注酒店的健康、洁净、安全等方面，酒店的功能配套、空间布局结构、服务产品和服务流程以及运营管理和营销推广等方面都将因疫情而做出相应的调整。未来，健康酒店、疗养酒店等酒店的需求和供给将大幅增加。

2. 数字化进程提速

数字化将对酒店业务的方方面面产生影响，将改变酒店的需求、供应、流程、组织、商业政策、核心功能和支持功能等。随着数字化技术在酒店行业内的快速应用，以经济型无人酒店为代表的智能酒店、以数字化主题酒店为代表的数字化定制酒店、基于大数据应用的酒店供应链管理以及酒店社群经济都将逐步兴起。每一家住宿企业都需要依据自己所处的行业，思考客户价值和内部组织资源，从而找到最合适自己的数字化转型方式。酒店可以依托数字技术重建新的酒店消费场景，催生住宿业新业态、新模式、新产品。但数字化技术的应用一定要为客户创造价值。

3. 市场集中度进一步提高

一是新项目业主选择强势品牌；二是经营不善的单体酒店开始加入品牌；三是部分酒店在托管或加盟到期后选择更强势的品牌；四是一些有实力的酒店集团在低谷期加紧兼并收购。其中，国际酒店集团因境外疫情较为严重，纷纷把主要精力投入我国市场，逆势布局。一些国有酒店集团与民营企业或地方国有企业强强联合，战略合作。例如，金陵饭店集团与贵州酒店集团在酒店管理、人才交流、教育培训、会员资源及网络信息共享和商贸协同等方面开展合作，中旅酒店有限公司也在全国范围内寻求战略合作伙伴。

4. 住宿业增量投资下降，存量物业投资上升

住宿业投资增速与国家GDP增速密切关联，基本同向变化，只是住宿业的波动幅度更大。疫情导致国家经济减速，住宿业增量投资也将相应下调。但是利用行业低谷期抓紧时间对酒店物业进行改造升级，将推升存量物业的投资规模。

（三）“现金为王”的经营理念不能丢

1. 服务好国内市场这个基本盘

在当前“双循环”新发展格局下，要依托国内大循环，瞄准国际大循环，实现国内国际双循环的良性循环。当前，国内游客已经成长为内行而挑剔的消费者，国内酒店集团应抓住千载难逢的时间窗口，转型升级，增加优质住宿产品供给，提升品牌，赢取人心。特别要关注千禧一代、银发一族、中等收入群体、亲子家庭、下沉市场以及消费回流群体等几个消费群体的需求，提供契合需求的产品。

2. 给予国际酒店品牌“国民待遇”

“双循环”新发展格局下，仍然要大力推进对外开放，国际品牌和酒店管理公司对于提升行业管理水平和提供高品质产品有其难以替代的作用，但要反对打着国际品牌的旗号圈地圈钱圈资源的不良现象；地方政府也要修改其招商条件/奖励条件，杜绝只要国际酒店品牌，甚至要求世界前十国际酒店集团旗下品牌，有的甚至点名一些高端奢华品牌的现象；国家一些标准也应作相应调整，以适应市场变化。例如，星级饭店标准中对餐饮要求，可以中餐为主，西餐、日餐、韩餐等为特色餐厅；国家级旅度假区中，改变对国际品牌酒店的要求，对国际游客比重的要求。

3. 酒店企业要具备战略思维

酒店行业格局面临变局，酒店集团发生分化，头部效应显现，行业集中度进一步提高。此时，机会的大门更多会向国企、上市公司以及风险管控力强的民企敞开。一些实力较弱的中小酒店企业面临退出或寻找大树做依靠。酒店企业要通过深挖护城河，提升创新力、文化力、竞争力和影响力，实现“高筑墙”；通过现金流和人才储备、产品研发、广交朋友、整合资源和构建企业生态来蓄能，实现“广积粮”；向长寿企业学习，培育工匠精神，做好危机管理，提升效率、效益和品质，实现“高质量”。要牢记“一切商业的起点，都是消费者获益”，始终秉承用户为本、品质为王、投资未来，致力于需要时间积累、经得起时间考验的事。要回归产业初心，攻克行业痛点和难点，以工匠精神来创造独特价值。在随后几年，存在一大变数，即存在中国服务替代国际服务，中国高端品牌取代国际高端品牌的可能。特别是随着千禧一代成为消费主体，他们的消费偏好为新品牌崛起提供了机会，这需要我们为之做好准备。

4. 非常时期酒店企业要有底线思维

疫情发展前景仍然不明朗，现金流仍然重要。酒店业作为微利行业，抵御风险的能力较弱。现金是企业的“氧气”，要始终如一地将其作为投资和经营活动决策的“保险丝”；不作无谓的消耗，投资要更加慎重，很多机会需要舍弃。新冠疫情常态化管控，酒店行业失速期延长，可能会导致重资产的酒店业主因杠杆太高和资金链断裂而倒闭，对于轻资产模式的酒店管理公司现金流也会很紧张，酒店企业要做好打持久战的准备，活下来才有未来。除利用好政府和金融机构的减税降费贷款等扶持政策外，酒店企业要提高直接融资比重，特别是要大力推进资产证券化，以增强企业抗风险的能力。当前旅游和酒店企业上市数量偏少，在资本市场的表现与文旅产业在国民经济和社会中的地位是不相匹配的，主管部门要出台政策予以支持。

对酒店企业而言，此时信心与“黄金”都至关重要。在当前国家“双循环”新发展格局和扩大内需战略下，住宿企业既要保存好实力，不做无谓的牺牲，也要对未来保持乐观，主动求变；要主动研究市场变化，积极实施供给侧变革，沿着市场下沉、行业集中、产业升级、质量提升和融合发展等行业趋势探寻发展机会；要与产业生态上的企业结成命运共同体，抱团取暖，同舟共济，协同发展；要坚持底线思维，因势求变，逆风飞扬，疫情过后变得更强大。

四、旅游集团和旅游上市公司：由眼前的自救谋划长远的发展

（一）面对疫情主动担当，积极自救

1. 疫情期间，旅游集团和旅游上市公司主动担当

中国旅游集团、凯撒、携程等旅游集团和旅游上市公司，在自身业务停摆且损失巨大的情况下，第一时间响应国家号召，快速推出“无损退订”服务。企业客服人员连续加班服务退订需求，免费退订人群范围从疫情确诊人群、同行游客扩展至各类一线工作人员，订单范围覆盖至全网全类型订单，退订方式由人工扩展到在线自助退订。正是由于旅游企业的主动承压，广大游客加深了对政府应急决策的认同和旅游服务品质的认可。首旅如家、锦江等酒店集团及分享住宿平台，分别向游客提供了免费取消预订保障，并为武汉医务人员提供免费住宿。春秋航空等所有执飞航线上，免费承运救援物资。

2. 受疫情影响，旅游集团和旅游上市公司遭受巨大损失

受新冠肺炎疫情影响，各省市在启动突发公共卫生事件Ⅰ级响应后，公共交通、商贸服务、文化和旅游等行业被整体叫停，按下经济社会发展的暂停健。在严格的疫情管控下，居民纷纷终止出行计划，各主要景点关闭，大型文娱活动取消。由此，旅游集团和旅游上市公司遭受前所未有的打击，蒙受巨大损失。一是承受现金流、人员成本、运维成本、资金成本；二是未来业务损失，现金流不足，还需支付房租、人工等费用；三是既有业务退订，还有企业之间的应收账款风险。一季度，旅游上市公司营收呈现断崖式下跌，跌幅超过30%的企业共有8家，途牛、复星、海昌等跌幅高达40%~60%，中国国旅、携程、华住、华侨城、宋城演艺、首旅酒店等的市值都有较大幅度的缩水。

3. 疫后发展方向，以国内旅游大循环为主

在国际旅游市场短期难以恢复的背景下，旅游集团和上市公司立足国内旅

游大循环，加速释放国内旅游消费需求。如华侨城主动创新，在两个月的时间里，推出 240 余场高品质的文化和旅游活动以及多款新产品，充分调动游客出游热情，实现高效管理和服务品质升级，产品、活动、服务“三箭齐发”，有效拉动旅游消费市场、助推国内大循环。陕西旅游集团积极配合国家“双循环”战略，发挥文化软实力。通过旅游演艺项目运营模式输出，挖掘和开发丝绸之路沿线国家的文化，积极开拓国内、国际市场，从而最终实现经济收益、国民服务和文化输出。

（二）经营领域由服务游客向服务本地生活转变

1. 文化和旅游深度融合

根据中国旅游研究院发布的《中国国内旅游发展报告 2020》，文化休闲诉求日益成为人民生活刚需。中国旅游研究院专项调查显示，目前国内居民文化消费日常化趋势显著，周末文化休闲消费占比达到 60.03%，而节假日仅占比 9.82%。未来居民的文化消费需求依然旺盛，文化消费支出预计将持续增长。数据显示，62.44% 的受访者表示将增加本地文化体验，57.64% 的受访者表示将增加文化消费支出。在国庆节、中秋节八天长假中，各大景区、主题公园和公共场所的群众文艺表演，特别是艺术引领、科技支撑的旅游演艺项目深受广大游客喜爱。如武汉《夜上黄鹤楼》、大唐芙蓉园的《大唐追梦》、南京旅游集团的《南京喜事》等文化旅游演艺产品广受游客追捧，数百元的客单价，多次加演还一票难求。

2. 科技与文化正在取代传统资源，成为旅游业发展主动能

科技、文化、时尚、教育、创业正在改变经济组织和社会发展方式，也为旅游业注入全新的动能。美国运通、日本 JTB、欧洲途易等大型旅游集团对当代科技和文化创意的战略性思考和系统化应用，宝格丽、无印良品等时尚品牌对高端和轻奢酒店的介入，都在说明传统正在消逝，而未来已来。日渐走入日常生活的 5G、人工智能、大数据、无人驾驶、机器翻译、无接触服务，已经从根本上颠覆了传统的旅游消费方式，下一步必然会颠覆传统的旅游服务方式。插上科技和人文两个翅膀的旅游企业才可能应对下一个十年的周期性或者战略性危机。

3. 业务领域从旅游服务向生活性服务业拓展

据称，美国运通一家的营业收入是我国旅行社收入的总和，日本交通公社（JTB）是全球唯一进入500强的旅行社集团。而这背后显而易见的事实是：美国运通是依靠旅行支票起家的，其核心竞争力是旅游旅行相关的金融服务；JTB是多元化的旅行生活服务商，向城乡居民销售啤酒券和电影票都是其业务范围。目前，陕西旅游集团、携程等旅游集团开始向商务旅行和本地生活延伸，以及疫情期间的景域驴妈妈、巅峰智业等旅游企业进入地方土特产品展示和销售市场，都是值得关注的动向。旅游住宿、旅游景区、主题公园等典型行业也开始从单一型态向复合型生活场景方向变迁。

（三）业务模式由卖旅游产品向卖游憩空间转变

1. 科技塑造旅游商业模式引领高质量发展

科技和文化是旅游集团和旅游上市公司实现可持续发展的支撑。一方面，在技术要素方面，人工智能、虚拟现实/增强现实、物联网、大数据等在旅游业的应用可以催生新的商业模式，促进产业效率提升，提高体验效果。另一方面，伴随着城镇化进程成长起来的“80后”“90后”，文化和休闲更多是在互联网、明星演唱会、戏剧场和旅游场景下实现的，需要借助市场手段和一定的科技支撑。在旅游产业演化的过程中，没有科技投入、项目研发和产品迭代能力的旅游集团和旅游上市公司是没有未来的。游客已经不再满足于陈旧的场景和传统的服务，企业要着眼于高质量发展的战略要求，培育科技和创新动能，满足品质旅游新需求。旅游集团要充分借助科技力量，推出新的产品和消费场景。

2. 营造主客共享的美好生活新空间

旅游集团和旅游上市公司要营造主客共享的美好生活新空间，把外来游客和本地居民统一到共同消费市场。万丈红尘最温暖，品质生活客自来。没有本地居民的幸福生活，却要吸引大规模的外来游客的到访，这是行不通的。如果旅游业的发展成果不能反哺社区的发展，不能让社区居民有获得感，旅游业就不会有可持续发展的未来。虽然短期内多付出了成本，账面上少了利润，但是社区居民和从业者的综合素质提高了，人民拥护了，企业应对危机和可持续发展的社会基础就有了。从国际化大都市到历史文化名城，从美丽乡村到古老村镇，游客越来越倾向与本地居民分享日常生活的美好。

3. 打造“产业链”，培育“生态圈”

纵观国际国内经济社会发展大格局，早已不是某一两个明星企业之间的竞争，而是产业链条、产业集群、产业生态之间的竞争。这就要求旅游集团和旅游上市公司从经验驱动的传统生产方式加快转向科技驱动的现代服务产业，构建旅游强企的市场基础和产业支撑。从市场、需求和消费的角度来思考旅游产业更有实践意义——所有满足游客出行和体验需求的企业都是旅游市场主体，都是旅游产业链条的一个环节。扩大消费，既是旅游产业链的发展方向，也是旅游创新链的基础动能。满足、引领、甚至创造消费需求是产业链与创新链的一体化实现，不断涌现的细分市场恰恰印证了这点。对于旅游集团和旅游上市公司来说，既要做产业链和创新链，也要培育产业圈和市场生态。

第五章

旅游政策与治理体系回顾与展望

新冠肺炎疫情全球大流行的爆发，不仅考验着旅游系统的治理能力，更是对治理理念的一次大检阅。面对巨大挑战，旅游系统坚持人民至上、生命至上。在以习近平同志为核心的党中央坚强领导下，中央层面治理举措及时果断，以有效合理的应对取得超出预期的成效，地方层面在贯彻执行中主动加力，市场主体积极自救、展现出强劲韧性，人民群众甘苦与共、众志成城，疫情防控取得重大战略成果。全系统、全行业没有因为疫情打乱工作节奏，文化和旅游融合发展在深化，旅游业高质量发展在推进，为全国 832 个贫困县全部脱贫摘帽，决胜全面建成小康社会取得决定性成就提供了有力支撑。

一、2020 年我国旅游治理重点领域进展

（一）旅游公共应急体系响应迅速、适时调整

疫情爆发，正值春节期间，也是传统的旅游黄金周，探亲旅游的民众大量流动。针对上述情况，文化和旅游系统及时预警，通过关闭重点景区景点，保障游客退改权益，引导行业迅速进入疫情防治状态。文化和旅游部立即制定防控应急预案，先后出台《关于做好新型冠状病毒感染的肺炎疫情防控工作的通知》《关于全力做好新型冠状病毒感染的肺炎疫情防控工作暂停旅游企业经营活动的紧急通知》《关于暂退部分旅游服务质量保证金支持旅行社应对经营困难的通知》《关于暂停社会艺术水平考级活动的通知》，为坚决遏制疫情蔓延提供了政策依据。

为全力防控疫情，各省市迅速启动重大突发公共卫生事件一级响应。如何兼顾疫情防治与游客权益保障，考验着各大旅游目的地的治理能力。旅游大省云南于 1 月 27 日在全国率先向社会公布了首批 38 家定点安置滞留游客酒店的

信息，其后指定安置酒店数量增至 187 家，截至 2 月 16 日 24 时累计安置游客 42493 人，其中湖北籍游客 5816 人（武汉籍游客 2552 人），各地集中安置酒店未发生疫情传播的现象。同期，广东省湛江市、海南省海口市、广西壮族自治区桂林市、陕西省西安市等地也对来自湖北的游客开始实行定点酒店统一安置和隔离。其后，广东、湖南、四川、福建、河南等地陆续启动对辖区内武汉及湖北游客的集中接待工作。地方迅速出台应对文件和帮助措施，不仅妥善安排了受影响游客，而且迅速降低了旅游活动扩散疫情的风险。

旅游战疫转入“防控型复工”新阶段以后，文化和旅游部联合有关部门印发《关于做好旅游景区疫情防控和安全有序开放工作的通知》《旅游景区恢复开放疫情防控措施指南》《公共图书馆、文化馆（站）恢复开放工作指南》《关于妥善处理疫情旅游投诉的若干意见》《剧院等演出场所恢复开放疫情防控措施指南》《互联网上网服务营业场所恢复开放疫情防控措施指南》《娱乐场所恢复开放疫情防控措施指南》《关于积极应对疫情影响保持导游队伍稳定相关工作事项的通知》《关于做好当前旅游安全工作的通知》。

通过上述努力，全国 85% 的旅游景区恢复运营，全国 280 家 5A 级旅游景区中，除部分开放式景区外，已全部实现分时段预约，全国已有 21 个省份建成省级预约管理平台。2020 年没有发生因为旅游而导致疫情传播，保证了广大游客的生命安全和身体健康，境外的游客也安全归来，没有发生重大的涉旅投诉，游客满意度保持在 80 分以上。

（二）旅游“六稳”“六保”专项举措适度、有效

旅游业务和旅游项目的暂停，直接导致市场主体进入经营困难和心理恐慌期。旅游企业既要承担停业退款、救援救助等抗疫开支，又要承受停摆期间的重资产金融费用与轻资产劳动力成本。同时，这次疫情直接冲击消费端，冲击中小微企业和个体工商户。文化和旅游企业多数是小微企业、民营企业，抗风险能力差、恢复时间长，融资难、融资贵的问题突出。如何帮助旅游市场主体贯彻好防治疫情工作的需要，做好生产经营活动的恢复，渡过难关，成为考验旅游治理体系的关键指标。

2020 年 2 月文化和旅游部印发《文化和旅游部办公厅关于用好货币政策工具做好中小微文化和旅游企业帮扶工作的通知》，指导各地文化和旅游行政部门

与人民银行分支机构对接争取支持。3 月，联合财政部印发《关于可调剂部分旅游发展基金支出用途支持旅游业应对疫情冲击的通知》，调剂部分 2020 年中央财政已提前下达的旅游发展基金支出用途，重点用于支持中小微旅游企业贷款贴息；与中国工商银行签订《助力文旅企业纾困 推动产业高质量发展战略合作协议》，在常规信贷支持的基础上，新增 1000 亿元专项授信用于支持文化和旅游企业应对疫情复工复产。5 月，印发《文化和旅游部办公厅关于用好地方政府专项债券的通知》，推动各地用好地方政府专项债券加快推进文化和旅游领域重大项目实施。

加强相关扶持政策和典型案例的宣传解读。文化和旅游部网站上线“应对疫情支持企业发展政策措施”专栏，梳理发布中央部门援企稳岗政策文件 68 份、各省区市扶持措施 716 条，为各地文化和旅游部门、企业及时了解掌握政策开通快捷通道。中国旅游研究院（文化和旅游部数据中心）面向居民、游客和企业持续开展专题线上问卷调查，就疫情对旅游业的全面影响进行定量评估、定性研判和政策储备。7 月，上线文化和旅游领域地方政府专项债券业务培训，对全国文化和旅游系统产业投融资工作负责同志、国家级文化产业园区基地及重点文化和旅游企业有关人员等 4000 余人进行地方政府专项债券政策讲解和操作辅导。

“六稳”“六保”专项举措注重采用市场化手段，集中政策资源直接面向市场主体，特别是帮助中小微企业和个体工商户渡过难关。2020 年国家宏观政策和助企纾困措施发挥了关键作用。其间，旅游系统没有出现大面积的企业倒闭和员工失业，队伍没有散，节奏没有断，工作没有乱，以事实证明，保住市场主体，才能保住就业，有就业就有收入和消费，就能推动行业复苏。

（三）数字化推动文化和旅游高质量融合

随着新型冠状病毒肺炎疫情的发展，面对确诊病例的增加以及单位、社区、超市对民众健康状况的网格化管理和细致调查，紧张、焦虑，甚至是恐慌等不良情绪也日益显现。如何实现旅游场馆闭馆不闭服务，让宅在家里的人民群众平稳积极地度过疫情防控这段时期，不仅考验着智慧旅游建设成效，也激发出文化和旅游融合的新动能。疫情期间，数字文旅公共服务异军突起、逆势成长，为满足疫情期间人们精神文化需求提供有力保障，也成为疫情期间产业发展和促进消费的新亮点。经多方努力，一年来旅游系统没有引发社会关注的重大负面舆情。

为疏解大众心理压力，文化和旅游部充分运用互联网、大数据等技术手段，在国家政务服务平台、文化和旅游部网站政务服务门户上推出“在线公共文化服务”“出行提示”两项专题公共服务，并承运“2020 年全国公共文化和旅游产品云上采购大会”。将 2019 年 400 多场各地群众文化活动录播搬到云端。其后，推出全国博物馆网上展览平台、全国舞台艺术优秀剧目网络展演、全国基层戏曲院团网络会演、云游非遗・影像展、故宫博物院“云观展”等直播活动，以及疫情防控期间各地创作的优秀主题文艺作品。同期，海外中国文化中心适时开展文化交流活动，如 2020 港澳线上系列旅游推广活动，中国驻首尔旅游办事处与延边州共同推出“鲜到延边”图片暨视频展播活动等。

疫情激发公共服务迭代升级，为文化和旅游高质量融合开拓了更广阔的空间。生活在四川甘孜州理塘县的藏族小伙丁真，因为一条不到 10 秒的视频意外走红网络，展现了一个丰富多彩而又立体的中国，唤醒了人们对诗和远方的向往。理塘县、甘孜州乃至四川的文旅部门在丁真“爆火”之后迅速跟上，当地国资委下属的一家国有公司与丁真签约，使丁真成为理塘县的旅游大使。甘孜藏族自治州适时发布旅游优惠措施：自 2020 年 11 月 15 日至 2021 年 2 月 1 日，甘孜 67 个 A 级景区门票全部免费。11 月 30 日，有 OTA 发布统计数据显示，11 月 20 日起至 11 月底，“理塘”搜索量猛增 620%，比国庆节假期翻了 4 倍，甘孜成为淡季旅游市场上最火爆的目的地之一。

“丁真效应”不仅让更多人了解到四川甚至全国的景点。截至 11 月底，已有陕西、青海、武汉等多个省、市、自治区的旅游企业或相关部门发文，借丁真的热度来宣传文旅产品。“丁真效应”是“互联网 + 旅游”发展的一个缩影。借助互联网技术和流量推动旅游供给提质升级，已成为行业的大势所趋。文化和旅游部联合国家发改委等 10 部门印发了《关于深化“互联网 + 旅游”推动旅游业高质量发展的意见》，明确将以“互联网 +”为手段，推动旅游生产方式、管理模式等创新，丰富旅游产品业态、拓展旅游消费空间。由此，与互联网深度融合的文化和旅游新市场，也将加速呈现。

（四）旅游扶贫 + 惠民，提升民众获得感

2020 年疫情对贫困地区是一次压力测试，各地没有躺着仅靠政府纾困，而是坚持开展自救，展示出了坚强韧性，为 2020 年中国脱贫地区全部摘帽提供了最有力支撑。一些欠发达的贫困地区有着非常丰富的“美丽”资源，把这些资源盘活盘好，创造流量、呵护流量，有助当地的可持续发展。理塘县、甘孜州乃至四川的文旅部门能够在丁真“爆火”之后迅速跟上，离不开当地扶贫工作的持续努力。丁真为家乡代言，努力为脱贫攻坚事业贡献力量，体现了一个有为青年该有的素养。这个过程中，央视“新闻联播”、《人民日报》《参考消息》等适时引导，避免丁真现象过度娱乐化与符号化，让他和他的家乡在持续成长中带来更多有益于自己也有益于他人的能量，这既是一种肯定，更是一种呵护。

消除绝对贫困不是终点，而是新奋斗、新生活的起点。《中共中央、国务院关于抓好“三农”领域重点工作确保如期实现全面小康的意见》《关于加快推进“三区三州”等深度贫困地区中央预算内投资旅游基础设施项目建设的通知》相继发布。文化和旅游部配合国家发展改革委开展“互联网 +”乡村旅游带动创业就业专项工作，指导全国乡村旅游监测中心开设“乡村旅游面对面”直播课堂，开展 27 期课程，累计学习人次超过 40 万，出版《全国乡村旅游发展典型案例汇编》。各地摘掉贫困县“帽子”后，奋战在一线的扶贫干部仍将坚守岗位，继续提高脱贫的成色和质量，以更强力度推进脱贫攻坚。

抗击新冠疫情，是物质的角力，也是精神的对垒。面对突如其来的严重疫情，全国数百万名医务人员奋战在抗疫一线，武汉人民、湖北人民自觉服从疫情防控大局需要，各行各业扛起责任，千千万万志愿者和普通人默默奉献为全国抗疫争取了战略主动，做出了巨大重大贡献。我国抗疫斗争实践锻造了独特的抗疫精神，同社会主义核心价值观、中华优秀传统文化的特质禀赋和文化基因一脉相承，成为凝聚人心、汇聚民力的强大力量。在全社会大力弘扬伟大抗疫精神，使之转化为全面建设社会主义现代化国家、实现中华民族伟大复兴的强大力量。疫情结束后为医护人员提供优惠，不仅是承担社会责任的表现，也助于进一步刺激消费意愿，恢复旅游市场。

为鼓励省内各地各景区根据实际情况制定出台更大力度的感恩回馈活动，湖北省文化和旅游厅官网发布《湖北所有 A 级旅游景区 5 年内对援鄂医疗队员免门票》，在 A 级旅游景区评定复核中，感恩回馈活动情况将作为履行社会责

任的重要内容进行考核。对接待医护人员人数较多、门票免费金额较大的A级旅游景区，各级文化和旅游部门视情给予奖补。截至2月中旬，新疆、云南、丽江、广西、贵州等十几个省份、多个大型旅游企业以及超500家A级旅游景区纷纷发出倡议，对全国医务工作者及其家属实行了免费开放的相关优惠政策及服务。此外，四川江油、重庆奉节、山西临汾等7省市相关景区自疫情解除、景区恢复正常营业之日起，对湖北籍游客免门票至2020年12月31日。

二、我国旅游治理的新要求和新趋势

（一）我国旅游治理的新要求

1. 全面小康社会对旅游治理提出了更高的要求

“十四五”时期是我国开启第二个百年奋斗目标的重要时期。到2020年，我国将全面建成小康社会，完成第一个百年奋斗目标，向第二个奋斗目标前进。全面建成小康社会，开启全面建设社会主义现代化国家新征程。在这个阶段，我国的国家治理水平、经济实力、科技实力、文化软实力、公共服务体系、人才队伍体系建设都将迈上新的台阶，生态环境根本好转，人民生活水平、消费能力进一步提高，文化和旅游发展的需求基础和供给基础更加稳固。特别是从全面小康走向共同富裕的过程中，人民群众的文化和旅游消费需求将得到更大释放。全面建成小康社会对旅游治理体系提出了更高的要求，要建设主客共享美好生活新空间，持续提升旅游市场主体竞争力，不断推进旅游治理体系和治理能力现代化。

2. 高质量发展对旅游治理提出了新的要求

旅游业疫后振兴不是简单地回归传统发展模式，而是着力破解“大众旅游初级阶段陷阱”，加速推进旅游业高质量发展，即国民旅游权利保障更好，游客的满意度更高；市场主体的竞争力更强，产业发展的后劲更足；治理体系更加完善，治理能力有效提升。旅游高质量发展是旅游治理体系和旅游治理能力提升的内在动力和必然要求。旅游高质量发展要坚持发展旅游与提升本地居民休闲生活相结合，以主客共享的美好生活新空间，把外来游客和本地居民统一到共同消费市场。

旅游高质量发展要坚持文化与旅游融合发展，既要“旅游 +”，也要“+ 旅游”，要更加重视新型城镇化、新农村建设、国家公园、国家文化公园对旅游带动作用，推动“购物 + 旅游”“科技 + 旅游”“教育 + 旅游”“体育 + 旅游”“交通 + 旅游”等新业态，都是可能的，也是可行的。旅游高质量发展要坚持旅游领域新一轮的深化改革和对外开放，落实中央深改委要求的边境旅游示范区和跨境旅游试验区，以及“一带一路”倡仪、亚洲文明对话、国家文化公园、澳门世界旅游休闲中心、海南自贸区等国家战略对旅游业的要求，也要在工作层面上向市场放权，向企业让利。

3. 大众旅游新阶段对旅游治理提出了新要求

随着居民出游率的提升，大众旅游向中高级阶段迈进，游客的出游动机、组织方式、消费内容、消费模式都将发生根本性的变化，国民旅游需求的关注点已逐步从“有没有”向“好不好”“精不精”转变。游客不仅关注去了哪些地方，而且更加关注旅游服务品质高低。未来 5~10 年，我国将进入品质消费阶段，品质人群与其他群体核心的差异在于生活方式，文化、投资将是其主要消费对象。追求生活品质、理性而从容的消费、爱生活爱旅行、注重家庭是品质人群的主要特征。人们对美好生活的追求将使主流消费从价格导向逐渐转向价值导向、个性化导向。大众旅游新阶段将倒逼旅游企业转型升级，也会对追求旅游粗放型发展方式提出挑战，要求完善旅游治理体系，更好地满足游客常态化的品质服务需求。

4. 后疫情时代对旅游治理提出了新要求

旅游的现代化治理要主动回应和满足人民群众的美好生活需要，随着疫情进入常态化的防控阶段，对我国旅游治理体系和治理能力提出了更高的要求，特别是在旅游公共卫生、旅游应急管理、旅游市场主体发展、旅游产业模式创新等方面提出了新的课题。考虑到新冠肺炎疫情的不确定性，仍会对旅游业发展产生一定的影响，要采取以促为主、包容审慎监管的方式，大力促进旅游新业态、旅游新产品、新模式的发展，并在发展过程中实施包容审慎管理。要建立健全适应后疫情时代旅游发展特点的新型监管机制，提升旅游行业的精细化管理、运作和服务水平，实现人性化、有温度的现代产业治理，提供舒适、便捷、高效的公共服务，进一步优化营商环境。

5. 数字化建设对旅游治理提出了新要求

以人工智能、物联网和区块链等为代表的新一代数字化技术，正在加速对旅游业的渗透与变革，潜移默化地改变着游客的需求、行为与体验，解构着传统供应链下各类旅游企业的边界，大幅提升着文化和旅游的智能基础设施建设和公共服务效能，产业体系的现代化成为发展的必然趋势。扫码入园、刷脸通行、无接触服务、机器人送餐等技术创新已经进入了消费场景。数字科技不仅推动文化和旅游消费方式的转变，创造新的供给、新的需求，还将大大提高文化和旅游领域的现代化水平和竞争力。通过科技的、实验的、商业的手段研发新项目、新产品、新服务，可以更好地满足旅游休闲的新需求。数字技术在解放人力资本，让旅游者个体广泛参与旅游场景营造的同时，也让旅游产业链条以分散供给应对碎片化需求，有了商业上的可能。中国旅游研究院、马蜂窝旅行网分别发布了在线旅游资产指数（TPI）和北极星旅游数据服务系统，对旅游资产数字化、云旅游等涉旅新基建领域做了有益探索，有助于旅游平台、目的地、景点景区进一步加快线上旅游资产建设。以“数字化”为代表的新技术和以“新基建”为代表的新政策，奠定了我国旅游经济供给侧结构改革的新动能。数字科技在旅游领域的广泛应用，为旅游业的发展插上了飞翔的翅膀，也对旅游治理体系建设提出了更高的要求，要求旅游行业管理部门能够运用数字科技，进一步提升对旅游市场促进、旅游行业监管，以及旅游经济运行监测和宏观调控综合能力和水平。

（二）旅游治理面临的挑战

1. 旅游治理面临从强监管转向促产业的压力

旅游治理主要包括旅游市场促进、旅游行业监管，以及旅游经济运行监测和宏观调控。抓旅游行业促进不能只局限于开旅游大会、作报告、发文件、颁牌子，强监管也不能只局限于明查暗访、降星摘牌的运动式执法。长期以来，旅游系统在用条条框框去为市场主体划底线、划红线方面很擅长，但是在如何用发展的眼光、创新的思维、市场化的手段满足国民的旅游权利，引导市场主体做大、做强、做优，还有危机事件管理、旅游经济监测与调控的政策储备等方面，还有很多工作要做。从强监管向促发展转变，探索新时期的综合执法机制，通过创新包容式监管和容错性促进的制度，更好地提升促产业发展能力和水平，切实完善治理体系、提升治理能力，既是文化和旅游系统疫后振兴和旅游发展的动力，也是压力。

2. 趋势性危机的战略应对能力还有待提升

新冠疫情对不少旅游企业发展产生了冲击，在有效阻断疫情经由旅游活动而传播和扩散的同时，也让旅行社、OTA、住宿、景区、购物等旅游企业承担了前所未有的财务和就业压力，但旅游业随着疫情的有效控制正在逐渐恢复。从此次疫情应对来看，暴露出了旅游治理中的短板，旅游领域的公共治理能力，尤其是预警、干预、协调、指导和反馈的工具储备和运用水平，确实需要下大力气提升，对于疫情期间政府和企业的承担的责任边界也尚需进一步厘清。对于旅游业而言，只有进一步提升趋势性危机的战略应对能力，才能更好地避免旅游业受到一些突发性危机事件的冲击。要健全基于大数据的旅游经济运行监测与预警平台，起到周期性危机和公共卫生、自然灾害和目的地动乱所引发的偶发危机的“吹哨人”，及时预警旅游业的“灰犀牛”和“黑天鹅”，才能更好地应对突发性的危机对旅游业产生的影响。

3. 旅游专业化人才队伍建设还有待加强

旅游目的地的竞争归根结底是地方政府治理能力的竞争，是旅游系统领导干部和专业团队的竞争，最终体现在内部人才的存量优化和外部人才的增量扩容。在现行的旅游管理体制下，不少旅游管理人才的成长路径还是从学校到机关，对市场和产业的感同身受不强，还需要加强有针对性的理论学习和实战训练，培训内容要加大业务相关的内容，提高对市场和产业发展的敏感度。可以探索以“政府雇员”形式或其他灵活的用人方式从旅游企业选拔一批优秀管理人才进入旅游行政管理队伍中，让专业的人才做专业的事。只有强化专业化的旅游管理人才支撑，积极培育和引导市场主体发展，更有针对性地指导产业发展，才能更好地发挥政府对旅游业的领导效能。

三、旅游治理的政策建议

（一）保持政策稳定性，促进旅游业健康发展

“十三五”时期是全面建成小康社会的决胜阶段，2020 年是“十三五”收官之年，面对突如其来的新冠肺炎疫情，中国旅游市场经历了团队旅游活动全面停滞、统筹疫情防控及有序复工、疫情防控常态化情景下国内旅游全面复业三个阶段。疫情发生以来，文化和旅游部出台了暂退旅行社服务质量保证金、稳定导游队伍、强化从业人员培训，引导各地用好财税金融扶持政策等一系列援企稳岗减负等举措，积极为文旅企业纾困解难，稳固行业发展根基。随着国内旅游业逐步恢复，在政策促进方面，继续推动文旅休闲消费提质升级；加快发展线上数字文旅产业、加强智慧旅游建设，改善行业供给结构、促进产业深度融合；加强培训引导力度，利用服务质量和信用监管工作汇编提升各地治理水平和服务能力。

（二）优化市场环境，助推旅游业转型升级

在以国内大循环为主，国内国际双循环的背景下，加快优化市场环境，对于促进旅游业健康发展具有重要意义。根据《国务院办公厅关于进一步激发文化和旅游消费潜力的意见》（国办发〔2019〕41 号），到 2022 年建设 100 个试点城市，30 个示范城市，试点城市、示范城市促进文化和旅游消费体制机制更加完善，示范城市居民人均文化娱乐消费支出占消费支出比例超过 6%，旅游收入增速保持两位数以上增长，进一步发挥示范引领作用。对重点项目和重要工程，在投融资、宣传推介、信息服务和人员培训方面给予搭建多渠道扶持政策，构建多元化合作桥梁，助推项目落地实施。对于“旅游 +”“+ 旅游”行业中的高新技术产业、战略性新兴产业、特色主导产业，在融合发展阶段，要给予特别的扶持和培育。紧密配合“一带一路”倡议、京津冀、长三角、粤港澳等城

市圈的建设，加大旅游基础设施共商共建共享，为培育富有文化底蕴的世界级旅游景区和度假区，文化特色鲜明的国家级旅游休闲城市和街区奠定基础。

（三）深入推进“文明旅游”，提升国民形象

文明旅游工作持续推进。但是旅游活动过程中依旧存在不完善、不协调的声音。完善“旅游部门 + 行业协会 + 企业 + 媒体 + 志愿者 + 旅游者”六位一体的文明旅游宣传模式，将文明旅游行动落实到实处、深入到基层一线。联合外事办等相关行政主体，建立省市县三级文明旅游宣传引导机制。持续开展“文明旅游为旅游加分”“文明旅游志愿者进景区”“文明旅游随手拍”等活动，让文明旅游新风尚通过文明宣传标语、文明引导员深入游客心中。加快构建长三角、珠三角、粤港澳等旅游经济圈和旅游经济带旅游信用联合惩戒机制，推动“一处失信、处处受限”旅游信用活动广泛推广。

（四）加快构建旅游治理现代化体系

1. 构建文化强国，推动文化和旅游高质量发展

加快构建以信用为基础的文化和旅游新型监管机制。“十四五”期间以构建文化强国为契机，完善文化和旅游监管机制，推动文化和旅游高质量发展。深入开展习近平新时代中国特色社会主义思想学习教育，推进马克思主义理论研究和建设工程。加强党史、新中国史、改革开放史、社会主义发展教育史，弘扬党和人民在各个历史时期奋斗中形成的伟大精神，实施文明创建工程，拓展新时代文明实践中心建设。实施文化产业数字化战略，加快发展新型文化企业、文化业态、文化消费模式。建设一批富有文化底蕴的世界级旅游景区和度假区，打造一批文化特色鲜明的国家级旅游休闲城市和街区，发展红色旅游和乡村旅游。

2. 重构治理链条，提升行业监管

面对疫情冲击，旅游产业已经发生巨大变化，传统的旅游经营模式已经不可持续，应该坚持创新驱动和融合发展，推动理念、服务、技术、模式和业态创新，坚持跨省游和省内游双轮驱动，把旅游业复工复产与提升产品和服务质

量同步推进。政府监管更加重视优质旅游发展，加快推动旅游业供给侧结构改革，对虚假宣传、强迫消费、安全卫生等关乎消费者切身利益和安全综合监管、信用体系建设、互联网大数据监测与预警等服务质量提升等方面更加重视。游客更加注重旅游产品和服务安全、质量，预约旅游、健康旅游、文明旅游渐成风尚，定制化、个性化、小团化需求增强，旅游消费升级与服务质量提升成为当前和今后一个时期的现实需要。旅游企业加快同其他产业融合发展，如与农业结合，促进乡村经济发展；与商业相结合，扩展新零售应用场景；与交通相结合，提升游客出游体验；部分投资主体进入旅游行业，也将催生新的市场增长点。

3. 加强协同治理，提升人员素质

旅游业是综合性产业，旅游业发展需要中央及地方党政部门、文化和旅游系统政策扶持，协调配合，加强各方面的保障措施。在政策制定和实施过程中，文化和旅游部要加强同工商、税务、金融、土地相关部委的联合行动，为旅游业发展提供多层次、多渠道、多元化的政策支持。同时，在政策实施和评价过程中，文化和旅游部，各省、市、县等行政主体要加强协同配合，有效解读政策，提升政策执行效果。人才是旅游业持续发展的基础，旅游行政主管部门加强人才素质的培养。一是创建新型人才机制。打破官产学研利益固化格局，建立集聚人才体制机制，拓宽选人视野和渠道，对有行业竞争力和地区影响力的人才引进要不拘一格。二是加强各种人才培训班，提升人才素质。继续加大“金牌导游”培养项目、旅游数据与旅游统计人才培养项目、乡村文化和旅游能人支持项目、导游专业素养研培计划等培训计划，并加大对旅游业基础性人才项目和资金支持。三是提升旅游业专业教育体系。继续强化“科教兴旅、人才强旅”思想，构建国家级一流专业、各地一流学刊、高精尖学科，助推我国旅游教育和人才培养的高质量提升。

4. 加强智慧治理，提高行业治理效能

随着大数据、云计算、人工智能等技术应用进一步投放，旅游科技化发展不断深入。疫情防控期间，以科技创新为驱动的旅游新基建建设，文旅资源的数字化、线上旅游服务业态的多样化、旅游市场监管实时化以及旅企数字资产快速增长等现象广泛出现。支持建设智慧旅游景区，普及电子地图，语音导览等服务，打造特色景区数字展览馆等，推动道路、旅游厕所等数字化建设。景区数据实时监控，以及信息管理平台的有效对接，推动旅游的安全度、舒适度、体验度迈上新台阶。旅游景区智慧化服务形态的快速普及，酒店的智能入住、机器人点菜送餐等无接触服务逐步推广，正让旅游企业不断丰富服务内容，优化游客出游体验。技术标准方面，加强 5G 基础设施、旅游大数据、物联网、景区 VR 展示等方面行业标准制定，提升科技服务效能。先行区样本方面，加强智慧景区、景区智慧厕所、智慧停车场、景区指引标识等方面进行优秀样本的收集和推广，构建样本学习典范。

第六章

游客满意与高质量发展

2020 年，全国旅游服务质量保持稳步发展，2020 年全国旅游服务质量稳中有升，全年游客综合满意度评价指数为 80.95，同比增长 0.77%（如图 6-1、6-2）。文化和旅游市场主体积极应对疫情形势，依靠科技、理念创新不断提升服务质量，公共文化服务、景区及目的地创新均取得显著成效，游客幸福感、获得感得到保障。针对文化休闲需求旺盛、高端市场与下沉市场诉求集聚等新形势，建议未来坚持以人民为中心，创造文化和旅游优质供给，创造新需求、新消费，狠抓服务质量提升工作，提高人民幸福感、获得感。

一、疫情防控新形势下，全国旅游服务质量稳步发展

中国旅游研究院（文化和旅游部数据中心）旅游服务质量调查报告显示，2020 年全国旅游服务质量保持稳步发展，全年游客综合满意度评价指数为 80.95，同比增长 0.77%（如图 6-1、6-2）。2020 年，新冠肺炎疫情席卷全球，出入境旅游全面停摆，国内旅游市场经历了从全面停止、逐步有序开放到目前全面复苏发展。一方面，出境游停滞状态下居民出游需求聚焦国内市场，倒逼国内旅游服务质量提升；另一方面，游客出行的安全、卫生等诉求加速了科技与旅游融合，国内旅游服务质量创新发展效果显著。2020 年国内散客综合满意度评价指数为 83.61，同比增长 3.36%；跟团游客综合满意度评价指数为 84.25，同比增长 2.29%，人民对旅游服务品质整体满意。我国旅游经济已经进入疫情防控常态情境下全面复工复产复业阶段，针对国内游客的创新优质产品不断涌现，游客满意度稳定增长。

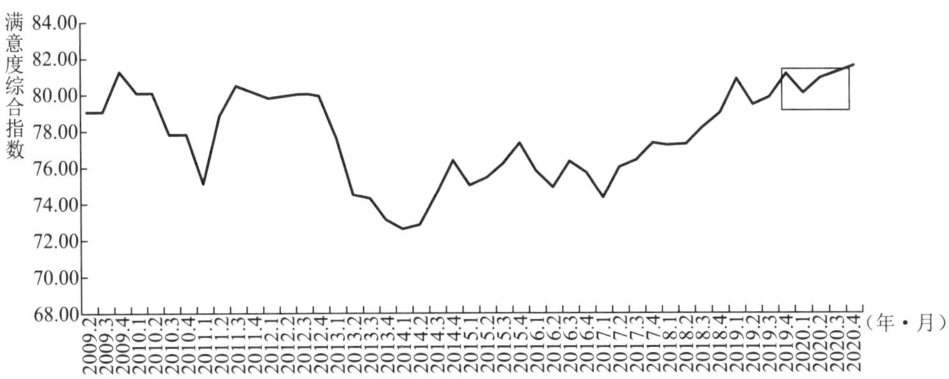

图 6-1　2009~2020 年全国游客满意度综合指数变动趋势（季度）

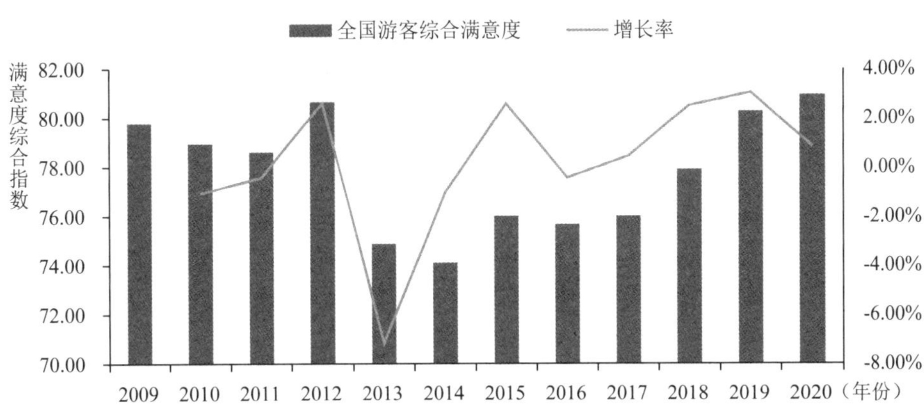

图 6-2　2009~2020 年全国游客满意度综合指数变动趋势

（一）旅行社、景区满意贡献度最为突出

旅游行业窗口服务质量调查数据显示，2020 年食住行游购娱等环节的游客满意度较 2019 年均有提升。新冠疫情防控形势对目的地的餐饮、交通、购物、休闲等场景提出了更高的卫生、安全和自如体验要求，倒逼旅游业窗口服务质量的稳步提升。从产业形态看，旅行社、景区等典型业态仍然是游客满意度提升的基石，传统购物、公共服务等短板有所好转，市场呈现“长板更长，短板补齐”的局面。2020 年，旅行社、景区的游客满意度分别达到 84.41 和 82.91，位居涉旅相关行业前列，交通、餐饮、住宿、购物、娱乐和公共服务的满意度

同比稳中有进（如图6-3）。进入2020年下半年，全球主要国家和地区的旅游业都不同程度走向了复工复产复业。传统的旅行社、酒店、休闲娱乐业开始聚焦大众日渐增长的本地休闲和近程出游服务，新的产品和服务被创造出来，旅游行业服务质量总体发展趋势向好。满意度调查中，游客也反馈了一些服务短板和痛点，如酒店环境设施、旅游人员服务、文化创意不足及美食街商业化严重等问题依然存在，从细节入手完善旅游全流程服务仍需下大力气。

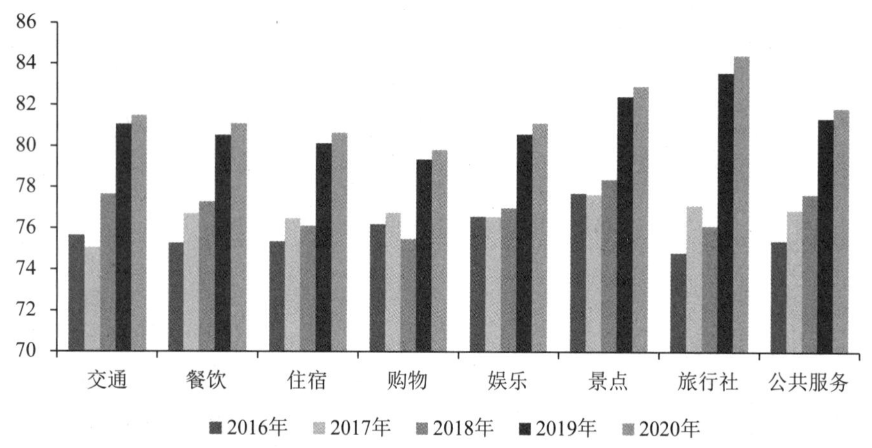

图6-3　“十三五”期间细分旅游业态游客满意度情况

（二）“云休闲，云旅游”丰富居民文化生活

2020年上半年，多地景点暂停开放，活动停止举办。为满足广大人民群众的精神文化需求，多地文化和旅游主管部门、公共文化场馆、企业平台等纷纷推出线上产品。中国旅游研究院（文化和旅游部数据中心）2020年上半年文化消费专项调查（以下简称“文化消费调查”）显示，81.65%的受访者在新冠疫情影响下参与了线上文化活动，受访者中参与在线影视和视频直播的最多，占28%；展演、文化场馆云体验、知识充电等也备受青睐，分别占比26%、19%、14%（如图6-4）。丰富多样的云休闲、云旅游线上活动，不仅实现了文创产品销量翻番，也吸引了成千上万日后线下参观的“准游客”，78.48%的受访者表示居家线上休闲会激发其未来进行线下体验的意愿。AI、AR、VR等技术在文化和旅游行业的应用对消费市场产生了深刻影响，科技加持让足不出户云游天

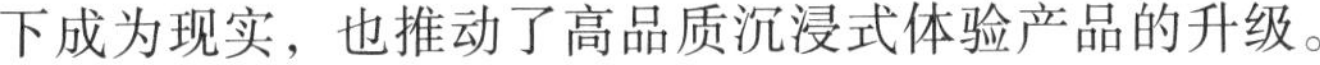
下成为现实，也推动了高品质沉浸式体验产品的升级。

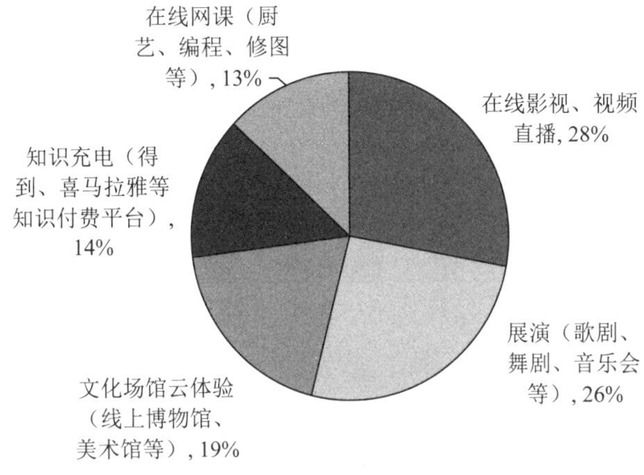

图 6-4 2020 年上半年居民线上文化休闲活动体验情况

（三）无接触、安全性、智能化等为产业赋能

新冠疫情爆发之后，旅游业面临转型挑战，针对疫情防控形势下社交距离、人流监控等诉求，无接触、安全性场景设置和智能化体系成为文化和旅游产业自救的突破口。预约旅游成为 2020 年文化和旅游休闲的新风尚，国内多地景区提供网络购票、分时预约、扫码入园等服务，方便游客安全、快捷完成入园审核，同时分时预约更高效地控制疏导人流，大大提升游客体验。诸如酿酒体验、博物馆参观、体育赛事、室内就餐和娱乐等，都在新形势下重新设计以服务更小的旅游集体，具备更多户外活动、单人体验等，同时保持严格的社交距离限制等。机器人的使用变得更广泛，一些常规性的工作被替代。疫情之下，景区和目的地智能化建设推进显著。中国旅游研究院调研平台开展的疫情期间景区信息化调查显示，2020 年九成游客体验了景区信息化服务，其中扫码刷脸等无纸化入园（45.33%）、电子或无感支付（44.74%）、在线预订（49.79%）、闸机刷卡（39.51%）、个性化定制（35.58%）体验比重最高，服务机器人、智能安全系统、智能交通、光影全息展演等也在加速布局（如图 6-5）。依托预约购票系统，互联网平台可以产生客流标签化大数据，而通过对数据的分析，景区可以更加精准地了解游客需求，从而进行供给侧的产品和服务创新，提供多元化的旅游消费服

务，有助于景区摆脱“门票经济”，实现更加健康可持续的发展。

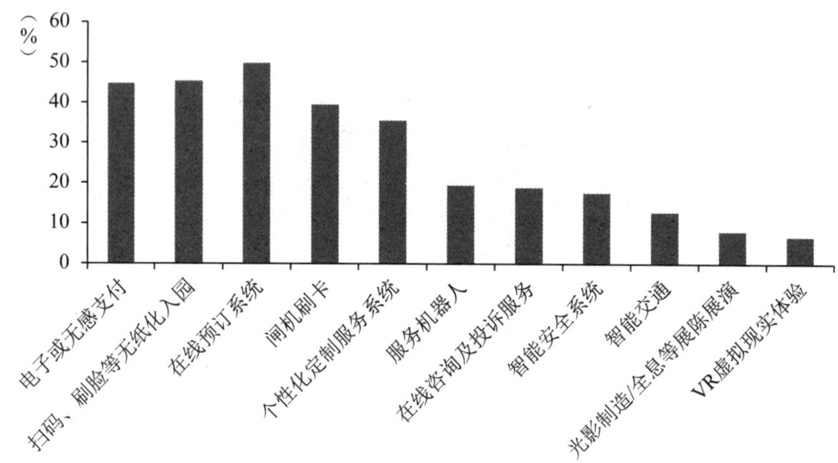

图 6-5　2020 年疫情期间游客体验景区信息化服务情况

二、全面小康时代的游客需要更多的获得感、更高的满意度

（一）大众旅游市场在下沉，文旅融合消费在升级

大众旅游正在进入持续增长、需求分类与消费分层的新阶段。随着消费市场下沉，会有更多中低收入阶层的城乡居民，包括退休职工、老年人和小镇青年加入到旅游活动中来。2020 年，934 万用户在去哪儿网购买了人生第一张机票，增长量创平台近五年来新高，覆盖了国内 1827 个县级城市并包括多个欠发达地区，年内购买两次以上机票占比近三成。2020 年以来，三四线及以下城市人口流动小，多为低风险区，随着交通等公共服务、旅游服务设施的持续完善，下沉市场吸引了行业和社会资本的更多关注，以特色民宿、精品酒店为代表的住宿业恢复进程快、市场回升显著。2020 年，游客在异地旅行中对于文化体验的需求不断升级，常态化的旅游日益走向异地生活空间。总体而言，游客对当地生活方式、时尚生活、文化展演、地标建筑、红色旅游点等的旅游体验更为深刻，面向当代的文化内容创造和面向居民的文化生活培育等潜力巨大。

（二）文化休闲供需两旺，文化获得感提升满意度

戴斌院长指出，缺乏文化支撑的项目，没有居民感知和游客满意的服务，都是不可持续的。因此，以人民为中心，着力提升城乡居民的文化获得感和游客满意度是提升国内旅游服务质量的根本途径。中国旅游研究院（文化和旅游部数据中心）调查数据显示，2020 年国庆节、中秋节长假期间 85% 的游客参与了各类文化休闲活动，其中参观历史文化街区、博物馆、美术馆的游客比例分别为 41.8%、40.5% 和 27.1%。游览文博场馆的时间不超过 4 小时的游客仍占多数，达 66.5%。在文化和旅游系统的共同努力下，文化活动更加丰富，文物展陈不断创新，文博场馆越来越成为广大游客愿意到访的新空间。各大景区、主题公园和公共场所的群众文艺表演，特别是艺术引领、科技支撑的旅游演艺项目深受广大游客喜爱。2020 年文化消费调查数据显示，74% 的游客会在旅途中进行文化体验，主要形式为看剧观展、文化场馆参观、街区闲游等。如今，以文化消费和旅游休闲为主要内容的旅游经济，已经进入国民经济和社会发展的战略体系，成为文化和旅游系统重点部署。

（三）定制需求增长显著，夜游期待场景创新

近年来，游客出行已经从与陌生人组成大团队旅游，逐渐演变成更加注重私密、回归家庭的小团队旅游，从标准统一的服务需求，演化为个性化、碎片化需求，“小团化”“定制化”旅游发展迅速。暑期以来，国内定制旅游需求呈现快速恢复的趋势，国庆假期同比大幅增长。携程定制平台的数据显示，国庆节、中秋节长假，国内定制需求单同比增长 75%，恢复并且超过 2020 年同期的水平，受疫情打击的定制旅游公司迎来更多的用户和订单。特别是国内的高端定制需求出现爆发式增长，跨省游恢复以来同比 2020 年增长 125%，人均花费超过 6000 元。国庆节、中秋节高端定制需求同比 2020 年增长 300%。定制旅游公司也进入全面复工复产的阶段，携程平台上从事国内游定制的 1000 多家供应商全面复工，不少国内旅行社开设定制部门，国庆旺季定制供不应求。

进入2020年下半年，夜间旅游市场开始强势复苏，省内都市夜游率先回暖，夜间经济点亮假日市场。中国旅游研究院大数据平台调研数据显示（以下简称“夜游调查”），2020 年国庆期间游客夜间消费金额和笔数占比均高于全国居民

水平。超过八成的受访者表示夜间文化需求、休闲需求、消费需求基本可以得到满足。但同时，市场痛点值得关注，百姓无感低频次、戏剧化的场景，夜游调查显示，受访者普遍反应节事、展览、历史文化街区等夜间文化活动 / 场景吸引力不足；在演艺类型方面，百姓无感实景演艺、音乐节、演唱会等，以神话传说、民俗风情、娱乐故事为主题的演艺市场热度不高。夜间旅游高质量发展，需要嵌入日常生活场景，使老百姓有感。深耕本地夜间生活场景，还原文化本色与创造未来空间，提升文化认同、归属感和幸福感。

（四）消费升级和产业创新对旅游治理现代化需求更加迫切

全面小康时代，旅游业的高质量发展需要旅游现代化治理体系的支撑。一方面，旅游市场主体期待营商环境的持续优化、产业创新的政策扶持，这需要政府加强旅游经济监测与调控的政策储备，不断提高公共治理能力、危机事件应急管理等，引导市场主体做大、做优、做强；另一方面，游客需要更完善的制度来持续解决欺诈消费、强迫消费、不合理低价、滥用市场垄断等问题，这需要政府用发展的眼光、创新的思维、市场化的手段满足国民的旅游权利。随着依法治国理念的落实和法治化进程的推进、行业协会的不断完善，市场主体与政府之间的互动将更加理性、规范和透明。旅游业创新发展迫切需要更加完善的旅游现代化治理体系，通过创新包容式监管和容错性的促进制度，切实完善治理体系、提升治理能力。

三、发展建议

（一）让游客满意度成为旅游业高质量发展的核心指标

作为已经通过实践检验的成熟理论和技术路径，游客满意度完全有条件成为旅游业高质量发展可量化、可评估、可比较的核心指标。要在政府工作报告、部系统重要讲话、季度形势分析等会议和材料中充分体现，瞄准游客满意度调查中反馈出的痛点、短板，兼顾分级分层旅游市场的需求，尤其是弱势群体的旅游权益，从需求侧的质量管理为供给侧结构性改革提供充分依据。

（二）游客满意度应该成为调动地方积极性的重要抓手

用好游客满意度全国一盘棋的专业评估机制，在必要范围内组织定期发布，发挥各级媒体和社会的舆论监督作用，充分调动各地改进服务质量的积极性，为地方旅游和旅游行业改善供给结构和质量提供科学依据。

（三）引导市场主体用智慧旅游引导产业创新升级

依托游客满意度专项调查数据和大数据等智慧旅游建设，定期监测游客的出游行为、消费特征、满意程度，研发更让市场主体有感的分行业游客满意度指标。密切关注自驾、定制、亲子、夜间旅游等细分专项市场，重点聚焦广大游客关注的热点和痛点问题，引导市场主体紧跟需求走向、及时纠错和精准布局。

（四）引导游客文明旅游、理性出游

制定并发布疫情防控期间文明旅游公约或文明旅游指南，引导游客服从疫情防控期管理规定，建立游客信用体系、志愿者体系，进一步倡导“预约、限量、错峰、有序”的出游方式，引导游客理性决策、理性消费、理性维权。

第七章

港澳台旅游发展现状与展望

自 2020 年年初以来，新冠肺炎疫情在全球蔓延，港澳台地区的旅游业也受到了疫情的极大冲击。内地与港澳、大陆与台湾旅游往来严重下挫。目前，内地旅游市场强劲复苏，疫情防控步入常态化，海峡两岸暨香港、澳门之间需要更紧密的旅游交流与合作。

一、港澳台旅游发展现状及趋势

2020 年受叠加新冠肺炎疫情的影响，访港游客数量更是断崖式下跌，旅游业情势更为惨淡。2020 年 1~10 月，香港地区入境市场同比下降 92.9%，仅为 270 万人次。新冠肺炎疫情也严重冲击了澳门旅游业。2020 年 1~10 月，访澳游客同比下降 86.2%，仅 460 万人次；内地访澳游客下降 85%，仅为 355 万人次。2020 年年初，疫情暴发后，台湾当局率先对两岸旅游与人员往来采取严厉管制措施，随着疫情的蔓延与发展，台湾管制地区逐步扩大，同时也有更多国家或地区采取管制措施，台湾旅游行业受到重大影响。目前，澳门疫情防控情况较好，旅游业正依赖内地客源开始复苏，香港疫情不稳定的局势严重制约了香港旅游业的发展，台湾政治生态的影响导致两岸旅游交流充满了不确定性。整体来看，短期内内地与港澳、大陆与台湾的旅游交往不确定性有所增强。

（一）香港旅游发展现状及与内地的交流状况

1. 2019 年内地赴港旅游开始下滑，2020 年出现断崖式下跌

2018 年访港游客数量整体呈现增长趋势，然而 2019 年 6 月开始，访港游客已经出现了波动。香港的“修例”风波，给原本繁荣的旅游业造成严重的打击，2019 年下半年访港游客出现大幅下降，全年总数呈现 14.2% 的跌幅（如图 7-1）。

2020 年新冠肺炎疫情对香港旅游业可谓是雪上加霜，受叠加新冠肺炎疫情的影响，访港游客数量更是断崖式下跌，旅游业情势更为惨淡。2020 年 1-10 月，香港地区入境市场同比下降 92.9%，内地访港游客同比下降 93.2%，仅为 270 万人次。

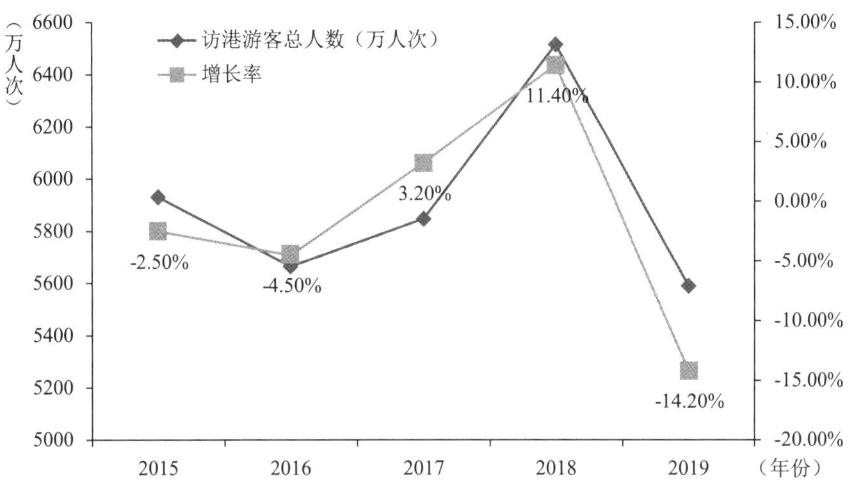

图 7-1　2015~2019 年访港游客数量变化情况

数据来源：香港旅游发展局

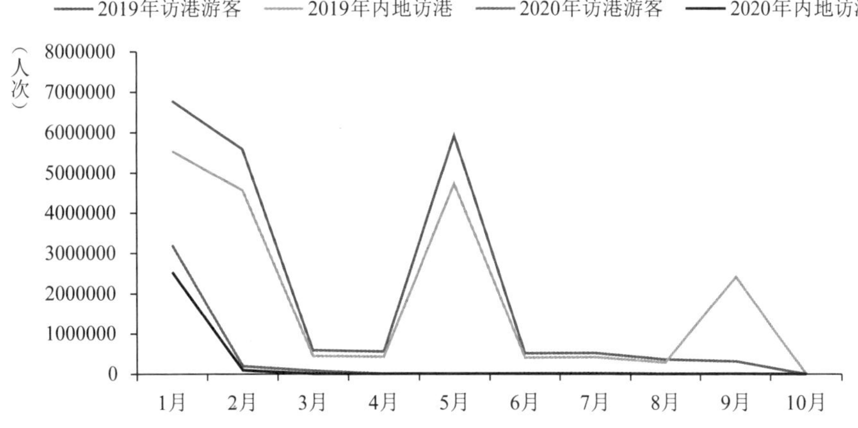

图 7-2　2020 年 1~10 月香港旅游访客人次数变化

数据来源：香港旅游发展局

2. 疫情严重影响香港旅游业，旅游产业受疫情重挫

旅游业是香港经济四大支柱之一，旅游业约占香港本地生产总值的 5%，持牌旅行社超过 1700 家，直接和间接就业人数约 80 万。“修例”风波叠加疫情影响，使得香港旅行社业务基本冻结。捷达假期（GoGoGo Travel）和爱飞旅游网（Wefly）已先后宣布停业。截至 2020 年 5 月，已有近 40 间旅行社被迫结业，主要经营香港前往内地的“至尊假期”旅行社 5 月宣布疫情导致公司出现财务困难，被迫关闭香港所有分店，公司旅游牌照也被撤销。除中小企业外，航空公司、主题公园等大型企业也受到重创。香港旅游标志性景点海洋公园闭园且濒临破产。基于防控疫情下的“封关”措施，自 3 月起，香港机场的客运量大跌超过 99%。

旅游业寒冬直接影响业界就业率。根据特区政府统计处公布的最新数据，香港失业率在 7~9 月升至 6%，与消费及旅游相关行业的失业率更急升至 12%，为近 16 年来的高点。

3. 特区政府积极扶持旅游业

为扶持疫情冲击下的香港旅游业，香港旅发局及旅游业界为旅游相关行业订立了卫生防疫标准，包括要求测量体温、保持社交距离、保证室内通风等，符合标准的商家将获颁认证标签。截至 2020 年 11 月，约 2000 间公司和商铺参与此计划，涵盖购物商场、酒店、旅游景点、旅行社、会展场所、航空公司、餐饮及零售商户等。此外，为维持香港旅游业的曝光，香港旅发局面向不同客源市场，部署针对性策略宣传，以强化香港作为旅游胜地的品牌形象。在香港本地市场，旅发局持续推广“旅游 · 就在香港”计划，为香港市民提供包括景点、餐饮、零售等信息和优惠，带动香港消费气氛，向全球传递正面信息，增加访港旅客的信心，同时预热全球旅游市场。在境外客源市场方面，旅发局陆续推出一系列主打香港自然风光、民俗文化等的虚拟现实影片，面向全球发布，为旅游复苏做好准备，并重点向香港临近地区进行特色旅游产品宣传，如中国香港与新加坡已就建立两地“航空旅游气泡”达成原则性协议，强化新加坡的旅游宣传推广。

（二）澳门旅游发展现状及与内地的交流状况

1. 澳门旅游业受到疫情严重影响

2015~2019 年，澳门旅游接待人数呈明显的上升趋势，从 2015 年的 3071.5 万人次上升到 2019 年的 3940 万人次，增长达 28.27%。其中，内地游客始终占比过半，增长较其他地区游客更加明显，从 2015 年的 2041.1 万增长到 2019 年的 2790 万，增幅达 36.69%（如图 7-3）。

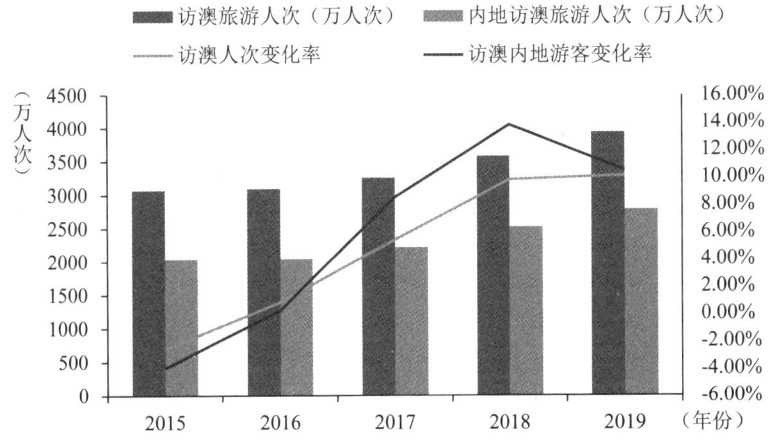

图 7-3　2015~2019 年访澳游客数量变化情况

数据来源：澳门旅游局

与香港类似，新冠肺炎疫情也严重冲击了澳门旅游业。2020 年第一季度访澳游客仅 321.8 万人次，同比减少 68.9%，其中参团游客仅 25.28 万人次，同比下跌 89.4%。随着防疫措施的逐步实施，澳门停止了来澳参团游客的接待，也停止了外游旅行团的派出。从 2020 年 2 月起，澳门旅游接待承受了为期半年的萧条，2~7 月游客访问量同比下降均超过 95%，上半年入境游客总跌幅共 83.9%。到 2020 年 8 月，随着疫情逐步得到控制，澳门旅游接待开始了缓慢复苏，2020 年 9 月和 10 月接待内地游客人次跌幅减小到 80% 以内，分别为 78.6% 和 77.0%（如图 7-3）。

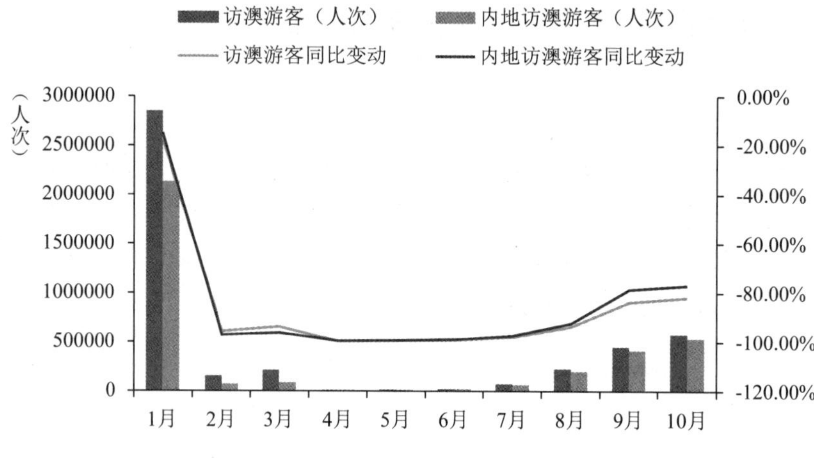

图 7-4　2020 年 1~10 月访澳游客数量变化情况

数据来源：澳门旅游局

澳门比香港更加倚重旅游业。游客的非博彩消费支出占同期 GDP 比重常年在 20% 上下，如果加上博彩份额超过 70%。新冠肺炎疫情使得澳门旅游业遭受前所未有的打击。2020 年已有 5 家以接团为主的旅行社结束业务，包括旅游巴士、娱乐业、旅行社和餐饮业均表示目前的状况十分艰难。澳门的失业率在过去 8 年一直维持在 2% 以下，但 2020 年的一至三季度，都在 2% 以上，三季度甚至接近 3%。10 月底，澳门四家较大的旅行社就遣散了 200 多名员工。

2. 内地游客带动澳门旅游业复苏

2020 年 8 月 11 日，国家移民管理局发布《关于恢复办理内地居民赴澳门旅游签注的公告》，将分区域分步骤恢复办理内地居民赴澳门旅游签注，澳门入境旅游人次在内地客源的支持下出现明显回升，第三季度入境游客共 75.02 万人次，同比下降 92.4%，其中内地游客 67.80 万，占比高达 90.6%。可以说，已初步控制好疫情的内地市场已成为现阶段澳门入境旅游业的支柱，澳门旅游业在内地游客市场的推动下逐步走向复苏。澳门特区政府旅游局公布数据显示，2020 年国庆节、中秋节 8 天中访澳旅客数超过 15.6 万人次，较 2019 年国庆节假期日均旅客人次下跌 86%，其中访澳旅客主要来自内地，旅客量为 14.5 万人次，约占 93%。在内地和澳门疫情基本稳定形势下，加上积极宣传恢复办理内地居民赴澳门旅游签注和澳门现为安全宜游城市，近来入境澳门的内地旅客已逐步增加，从刚恢复旅游签注首周的日均约 6000 人次上升至“十一”黄金周的日均近 20000 人次。

（三）台湾旅游发展现状及与大陆的交流状况

1. 大陆赴台旅游市场大幅萎缩

2019 年，台湾观光旅游平稳增长，全年赴台旅客为 1184 万人次，同比增长 7%。2020 年年初，疫情暴发后，台湾当局率先对两岸旅游与人员往来采取严厉管制措施，随后承担着疫情的蔓延与发展，台湾管制地区逐步扩大，同时也对来自更多国家或地区的游客采取管制措施，台湾旅游行业受到重大影响。台湾对当地旅游产业加强管制，包括停车率达五成、旅宿入住率达六成后要有分流措施等规定。台湾几家大型旅行社如雄狮、凤凰等都宣布暂停海外团体行程。自 2020 年 5 月起，岛内一些县市在一定程度上放开了“口罩禁令”，旅游业开始逐渐恢复。

2020 年 1~10 月访台旅客为 133.467 万人次，与 2019 年同期相较，负增长 86.28%。其中，主要客源市场中国大陆（10.86 万人次，-95.68%）、日本（26.76 万人次，-84.49%）、韩国（17.82 万人次，-81.10%）均出现明显下滑。随着疫情得到初步控制，6 月开始台湾入境游客开始出现微小的回升（如图 7-5）。

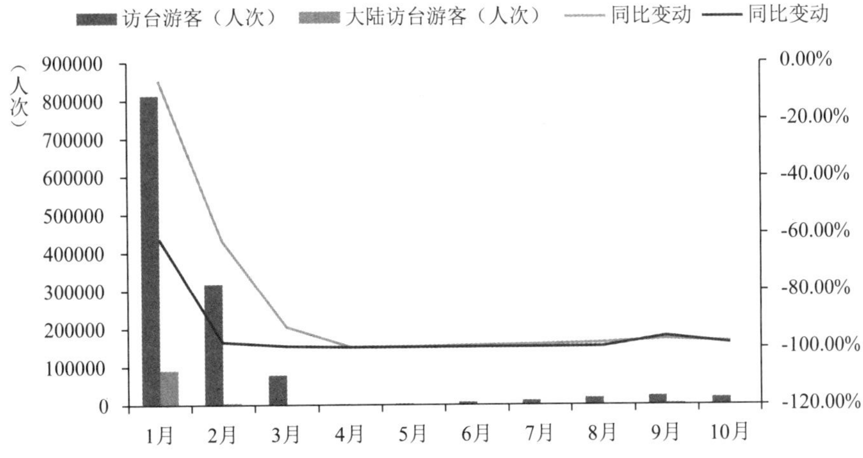

图 7-5 2020 年 1~10 月访台游客数量变化情况

数据来源：台湾交通部观光局

2. 疫情对台湾造成旅游业严重冲击

台湾航空运输业率先受到打击。许多国家或地区进行出入境人员管制，停航范围扩大，影响进一步加剧，台湾航空运输业进入最严峻的寒冬期。承运客源仅为平常年份的一成到三成。酒店业也受到较大冲击，原先住宿率平均在七成以上，现在只剩一成左右。旅游企业出现倒闭潮，数以百计的旅行社停业。

二、内地与港澳、大陆与台湾旅游交往的机遇

（一）总体疫情管控情况良好，旅游业复苏可期

自2020年年初疫情爆发以来，相关地区均采取了较为严格的疫情防控措施，较快遏制了疫情的蔓延，并试图使受到疫情冲击的旅游业加快回到正常轨道。从现有经验来看，内地率先放开跨省旅游，国庆节、中秋节期间国内旅游收入同比恢复已近七成。尽管全球跨境旅游因疫情几乎停摆，但是内地与澳门已经开始恢复旅游往来。未来如果外围环境保持稳定，同时有效地控制住负面因素的影响，疫情中被压抑的旅游潜力有希望得到释放。内地的旅游业复苏已经证实了这一点，澳门在 9 月 23 日起恢复办理内地居民赴澳门旅游签注后，大大提高了澳门第三季度的入境旅游接待量，也证实了这一点。

（二）旅游产业资源进一步整合集中，旅游产业精品化趋势明显

疫情寒冬导致旅游业许多中小型经营主体面临经营困境，出现人员流失、入不敷出等情况，许多个体导游、餐饮店主纷纷转行，大型企业如香港国泰航空、海洋公园等也需要政府救济。然而经营困境也是机遇，少数优质企业在大浪淘沙中涌现出来，通过调整产品结构、优化游客体验、提高人员素质、开拓潜在客群、商业模式创新等方式积极开展自救，为旅游行业重启积蓄力量。疫情给旅游业带来了一个“休克期”，同时也是“休整期”，客观上促进了旅游资源的集中和整合，在发展质量上有望进一步提升。

三、全球疫情下海峡两岸暨香港、澳门旅游交往面临的挑战

（一）疫情尚未结束，跨境旅游仍受客观限制

尽管总体上已有较长时间没有出现确诊病例的大规模爆发，但零星的境外输入病例仍时有出现，全球疫情尚未结束，依然此起彼伏。海峡两岸暨香港、澳门的疫情管控措施之间不能完全衔接，全面放开旅游的时机尚未成熟。这是阻碍当前旅游交往恢复和旅游业复苏的重要因素。可以预见未来一段时间，海峡两岸暨香港、澳门旅游业复苏仍将持续受到疫情反复的考验。

（二）旅游消费信心有待重塑，复苏需要时间

经过大半年的旅游限制，公众的旅游习惯和旅游消费信心均受到了负面影响。尽管从“非典”、金融危机等危机过后的经验来看，旅游业都会出现反弹并获得进一步发展，但公众的旅游消费信心有待进一步重塑，此类负面事件对旅游业的创伤也需要时间来平复。

（三）政治生态仍影响海峡两岸暨香港、澳门的旅游往来意愿

政治生态的不稳定影响海峡两岸暨香港、澳门的旅游交流。自 2019 年台湾某些政治势力负面表现加剧以来，台湾与大陆游客互访意愿均出现下降；香港“修例”风波给香港带来的负面形象也尚未得到扭转。在 2020 年下半年疫情防控初见成效后，澳门率先与内地开放了旅游签证，在旅游业复苏中抢占先机，但是香港与台湾仍对内地游客严格限制。在疫情的共同压力下，海峡两岸暨香港、澳门应加快构建良性互动的政治生态，通力合作，共同促进旅游业复苏。

四、疫情防控常态化形势下，海峡两岸暨香港、澳门旅游交流合作的政策建议

（一）更多地释放积极信号，提振旅游业发展信心

疫情对旅游业的负面影响不仅有经济层面的，也有对旅游从业者信心的打击，这种负面影响具有一定的长期性，需要引起重视。海峡两岸暨香港、澳门旅游相关部门应呼吁旅游业加强合作，共度时艰，更加积极推动制定旅游促进政策，相互间释放积极信号。了解各类利益相关者所面临的问题；积极通过政府扶持补贴，帮助他们解决实际困难，通过减免税费、奖励、补贴、信贷等多种形式，帮扶旅游企业渡过难关，提振港澳旅游经营者的信心。

（二）认真倾听彼此声音，持续推动业界交流

无论是海峡两岸暨香港、澳门的行业协会，还是市场主体和从业人员，都需要更紧密的交流和更频繁的互动，了解彼此关切，相互理解，相向而行。适时发布跨境旅游业重启以及强化旅游业交流合作的阶段性政策、作业程序和技术标准，让统筹疫情防控和复工复产复业始终处于可控可视可参与的状态。尽可能为市场主体的常态化交流提供更便利有效的平台，在系统了解包括自雇人员、中小企业人员、餐饮从业人员、酒店从业人员、大型旅游设施管理者以及司机等在内的旅游从业人员的处境和诉求基础上，创造多样化的交流平台和空间。

（三）建立疫情常态化协同应对机制

旅游业复苏的前提是疫情得到控制。落实防疫举措、维护防疫成果至关重要，旅游促进措施应建立在保障疫情防控的基础上，努力使海峡两岸暨香港、

澳门疫情防控工作有效对接；应借助健康码、疫情大数据等电子信息技术手段，设计更加灵活、积极、精准的疫情防控制度，保障游客的安全流动。

（四）切实加强合作力度，加快实现海峡两岸暨香港、澳门旅游内循环

海峡两岸暨香港、澳门互为重要客源市场，具有良好的旅游合作基础和前景。应进一步加强相互间旅游合作，在疫情防控、旅游营销、旅游开发等方面开展合作，以互利共赢为原则，实现疫情后旅游业的共同振兴。通过旅游城市结对、旅游节、优惠券等形式吸引游客；应大力加强粤港澳大湾区旅游产品联动，培育一程多站旅游产品，加强粤港澳旅游市场合作；应积极应用数字科技，加强海峡两岸暨香港、澳门旅游数字化建设，推广网上预订、在线支付等，方便游客互访。

第八章

世界旅游发展与人类命运共同体建设

新冠疫情中断了自 2010 年以来的国际旅游增长态势，国际旅游业受到前所未有的打击，国际旅游个别月份几乎全面停滞。尽管如此，各国人民出游的需求并没有消失，旅游业界向前发展的步伐没有停止，各国、各地区正在积极探索“旅行泡泡”或“旅游走廊”的建设。在新冠疫情这一重大危机下，人类命运共同体建设的必要性和重要性更加凸显，我国围绕人类命运共同体建设提出的重大倡议将为未来国际旅游的恢复营造良好的政治环境。国际旅游合作也并没有因为疫情而终止，我国主导及参与的多个区域合作机制，如“一带一路”倡议、中国—东盟、上合组织等继续将旅游交往作为重要内容，不断深化区域国际旅游交往与合作。中国在抗疫过程中积极行动，国内旅游出现率先恢复，为全球旅游业的恢复做出贡献，并为其他国家提供经验借鉴。包括 WHO、UNWTO、WTTC 等在内的国际组织积极行动，为全球旅游业更好地应对疫情提供应对方案，凝聚全球旅游业恢复的信心。纵观历史，旅游业一直与危机相伴，但从未倒下，每一次成功的应对都是经验的累积，每一次经验的积累都让旅游业变得更好。

一、新冠疫情将全球国际旅游发展带入冰封期

（一）疫情中断全球国际旅游的增长态势

新冠疫情中断了自 2010 年以来的国际旅游增长态势。受 2008 年全球金融危机的影响，全球国际游在随后的两年里出现下滑，但很快便在 2010 年实现强势复苏，之后保持持续增长，而突如其来的新冠疫情使长达 10 年的增长态势戛然而止。根据联合国世界旅游组织（UNWTO）发布的最新数据，2020 年前 10 个月，全球接待国际游客人数不足 3.5 亿人次，与 2019 年同期相比减少 9 亿多

人次，同比下降 72%（如图 8-1）。国际旅游业损失达 9350 亿美元，是 2008 年全球金融危机造成损失的 10 倍多。可以说，2020 年是国际旅游史上最糟糕的一年。从地区来看，亚太地区受疫情影响最早也最大，国际游客接待人数下降 82%；其次是中东地区，下降 73%；欧洲和非洲地区均下降 69%，美洲地区下降 68%（如表 8-1）。

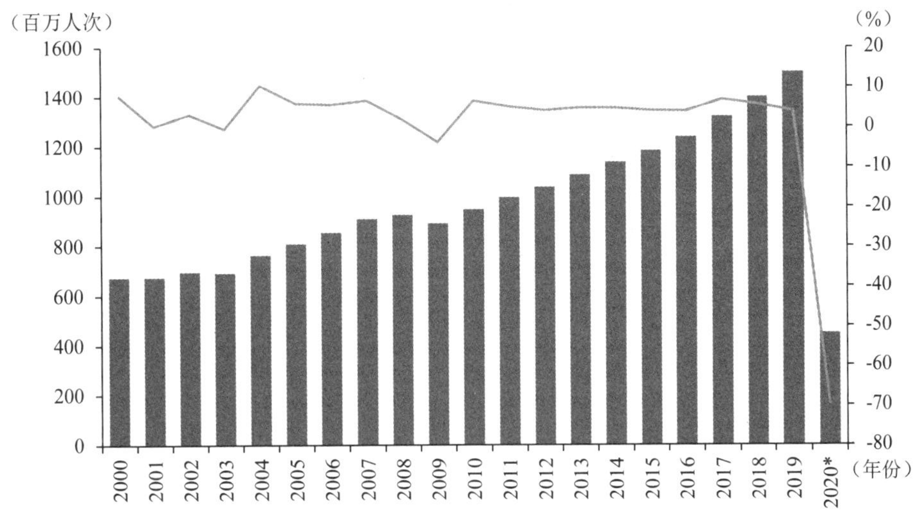

图 8-1　2000~2020 年全球国际游客总人数及增速

资料来源：联合国世界旅游组织（UNWTO）

注：2020 年为预测数据

表 8-1　2016~2020 年 1~10 月世界各地区国际游客接待增速

地区	2016 年	2017 年	2018 年	2019 年	2020 年 1~10 月
全球	3.8%	7.0%	5.6%	4.0%	–72%
欧洲	2.4%	8.4%	6.0%	4.0%	–69%
亚太地区	7.7%	5.6%	6.1%	5.0%	–82%
美洲	3.7%	4.8%	2.9%	2.0%	–68%
非洲	7.8%	8.6%	7.3%	4.0%	–69%
中东	–4.4%	4.6%	10.3%	8.0%	–73%

资料来源：联合国世界旅游组织（UNWTO）

从月度数据来看，新冠疫情自 2020 年 2 月开始对全球国际旅游带来显著的负面影响，到 4 月和 5 月这一影响达到顶峰，这两个月全球国际游客接待量都仅有三四百万人次，与 2019 年同期相比下降近 97%。值得欣慰的是，随着疫情在全球被逐步控制，6 月之后，全球国际游客人次接待规模出现缓慢恢复，但 8 月的接待规模依然相对较小。在夏季的旅游旺季过后，9 月和 10 月的接待规模进一步走低，分别同比下降 80% 和 83%（如图 8-2）。

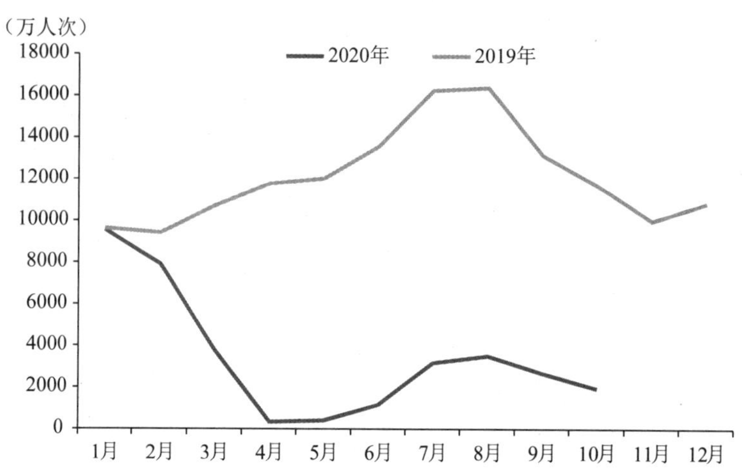

图 8-2　2019 年全年和 2020 年 1~10 月全球国际游客接待人数

资料来源：联合国世界旅游组织（UNWTO）

（二）全球国际旅游恢复预期不甚明朗

2020 年全年国际旅游人次和收入将出现前所未有的下滑。世界旅游组织认为，这将是自 1950 年有记录以来，全球旅游业所经历的最严重的危机。世界旅游组织在 5 月初对 2020 年全球国际旅游的预测，2020 年全球国际旅游人次将同比下降 58%~78%。全球国际游客总人数将同比减少 8.5 亿 ~11 亿人次，造成 9100 亿 ~12000 亿美元的经济损失，并威胁 1 亿 ~1.2 亿个直接与旅游业相关的工作岗位。目前来看，绝大部分国家并没有开放边境且放宽旅行限制，2020 年全球国家旅游接待人次可能下降七到八成。而根据最新趋势，世界旅游组织预计 2020 年全年全球国际游客接待人次将减少 10 亿人次，国际旅游收入同样将出现前所未有的下滑，损失 1.1 万亿美元，国际旅游业的暴跌可能导致全球

GDP 的经济损失估计超过 2 万亿美元，达 2019 年全球 GDP 的 2% 以上。2003 年国际旅游收入受“非典”影响实际减少 1.4%，2009 年受全球经济危机影响实际减少 5%，而此次疫情对国际旅游的影响远远超过 2003 年“非典”和 2008 年金融危机。

新冠疫情的影响不仅巨大，而且持续时间也将更长。不同于以往“非典”、金融危机等之后国际旅游的快速恢复。国际间旅行限制、缓慢的病毒遏制和较低的游客信心被视为阻碍国际旅游业复苏的主要因素。世界旅游组织专家们还指出，各国之间缺乏协调一致的反应和恶化的经济环境也是国际旅游业复苏的重要障碍。UNWTO 信心指数继续创历史新低，大多数世旅组织专家小组专家预计，国际旅游业将在 2021 年第三季度出现反弹，而大约 20% 的专家认为这一反弹将出现在 2022 年。

（三）积极探索区域国际旅游的优先开启

尽管新冠肺炎疫情对国际旅游业带来致命打击，但各国人民出游的需求并没有消失。部分旅游目的地国家在疫情得到较好控制后，开始着手恢复国际旅游，针对特定国家开启人员交往通道。具体表现为开启区域性“旅行泡泡”（travel bubble）或是旅游走廊（travel corridor），即在成功控制疫情的国家间建立起跨境旅行区域，基于政府间的双边协议，允许区内居民可在内部自由旅行且不必采取强制性隔离。

目前疫情控制相对较好的亚太和欧洲国家已经或者计划开始优先针对疫情得到较好控制的国家或地区开放边境。例如，波罗的海三国立陶宛、拉脱维亚和爱沙尼亚于 5 月 15 日零时对彼此重新开放边界，形成欧盟内部首个“旅行圈”。伴随大多数欧洲国家疫情的明显好转，多个欧盟成员国在 6 月中旬解除了针对申根区内部的旅行禁令。澳大利亚自 5 月就开始与新西兰讨论建立“跨塔斯曼旅行圈”的可能性。泰国 6 月 15 日表示，拟针对疫情控制得当且与泰国达成双边协议的国家实施安全旅行圈计划。

疫情反复让“旅行泡泡”计划的落实面临现实挑战。近期世界范围内出现不同程度的疫情反弹，加之各国政府为确保“旅游泡泡”计划可行而提出的前提条件（如双边检测、着陆后的行程限制）极为烦琐，“旅行泡泡”的实际落实情况并不理想。澳大利亚和新西兰之间的“跨塔斯曼旅行圈”由于澳大利亚疫情大规模反复而宣告搁置；刚刚开通的新加坡和中国香港之间的无检疫“旅行泡泡”由于香港疫情反复而被暂停。泰国的“旅行泡泡”计划也由于原本制定国家疫情反复而被迫搁置。

二、区域合作机制助推国际旅游合作

（一）人类命运体建设为国际旅游市场恢复提供动能

构建人类命运共同体是中国作为负责任的大国所提出的世界文明持续发展的方案。当今世界面临众多挑战，全球经济下行压力、民族隔阂、局部战争、气候变化以及重大传染性疾病，都需要全人类携手应对共同解决。当前的全球新冠肺炎疫情再次凸显正确认识与实践人类命运共同体理念的重要性。如今疫情仍在全球蔓延，此时更需守望相助、共克时艰、团结合作，共同构建人类卫生健康共同体。在此次疫情防控中，中国践行人类命运共同体理念，积极为全球抗疫分享经验与方案、提供援助物资、派出医疗专家。

我国围绕人类命运共同体建设提出的重大倡议将为未来国际旅游的恢复营造良好的政治环境，增强各方政治互信，推动各方尽早开放边境，重启双边及多边的旅行交往。国家主席习近平在上合组织成员国元首理事会第二十次会议上发表重要讲话，首次在上合组织框架内提出构建“卫生健康共同体”“安全共同体”“发展共同体”“人文共同体”的重大倡议。这些倡议的提出无疑将为国际旅游的重启做好制度铺垫。

（二）不断稳固的区域“朋友圈”将继续推进国际旅游合作

我国主导及参与的多个区域合作机制继续将旅游交往作为重要内容，不断深化区域国际旅游交往与合作。2020 年 10 月 9 日，在第 16 次中国—东盟领导人会议上，李克强总理提出双方应继续密切配合做好“东盟旅游数字化平台建设”的实施。2020 年中国—东盟博览会旅游展以“共建‘一带一路’共享数字旅游”为主题，于 12 月 8 日至 10 日在桂林举行，继续加强中国与东盟旅游合作，增进人文交流挖掘合作潜力，为电子商务旅游、科技旅游、5G 网络旅游、智慧城市旅游等领域的旅游合作提供展示、交流、交易平台，推动中国和东盟文化旅游合作行稳致远。

2020 年 10 月 28 日，金砖国家旅游高级别会议以视频形式举行，会议围绕“维护全球稳定、共同安全和创新增长的金砖国家伙伴关系”的主题，探讨新冠肺炎疫情影响下金砖国家在旅游领域的合作。与会各国代表一致认为，旅游业是创造就业、促进经济增长和社会发展的重要途径。新冠肺炎疫情给旅游业带来巨大挑战，金砖各国应继续加强沟通和合作，分享优秀的实践经验，加快旅游业疫后复苏，为全球经济复苏和发展做出贡献。

三、中国为全球旅游业恢复做出积极贡献

（一）为国际旅游业恢复提供中国经验

疫情下旅游业复苏的信心比黄金更重要，中国旅游业的蓬勃景象正在为世界旅游产业增添信心。在 2020 年 9 月召开的世界旅游合作与发展大会上，联合国世界旅游组织秘书长祖拉布·波罗利卡什维利表示，当前中国各地旅行限制逐步解除，让其他国家旅游从业者看到了希望。马耳他驻华大使卓嘉鹰认为：“这是中国旅游业成功重启的绝好例证。”英中贸易协会中国区总裁汤姆·辛普森表示，在各国都为旅游业的重启寻找方向时，中国无疑是其中的领路者。国际航空运输协会理事长兼首席执行官亚历山大·德·朱尼亚克同样认为中国旅游业快速恢复，为世界旅游业提供了重要经验。

我国国内旅游作为全球旅游业的重要组成部分，当前它的快速恢复本身就是在为全球旅游业恢复贡献一己之力。事实上，推动全球旅游业恢复的第一步正是促进国内旅游业恢复，中国已经取得的成就可为他国提供宝贵经验。国内旅游业的振兴首先离不开政府部门的积极作为。中国从中央到地方及时推出了一系列措施，包括暂退旅游服务质量保证金、协调解决退票退费问题、出台金融扶持和降费减税政策、保护导游劳动权益等；为恢复民众出行信心，推出机票门票降价、发放消费券、加大宣传介绍力度等举措，并通过网上预约、限制

景区流量、倡导错峰出行等方式，积极稳妥恢复旅游经营活动。

（二）国内旅游振兴助推全球国际旅游业恢复

国内旅游的繁荣有助于疫后国际旅游的快速重启。中国国内旅游的快速复苏表明国民出游需求依然旺盛，对国际旅游而言，一方面，疫情虽然让中国公民无法大规模进行出境旅游，但其旺盛的旅游需求依然存在。2020年前三季度国内生产总值同比增长0.7%，增速成功由负转正，主要经济指标呈现向好态势，2020年国内生产总值同比增长2.3%，这为出境旅游需求在疫后的重新释放提供了稳固的经济基础。另一方面，国内旅游的蓬勃发展，旅游安全防控措施成熟有效，世界级旅游景区和度假区的建设提上日程，旅游产品和服务的不断创新升级，也将更好地满足入境游客尤其是其对于安全和健康的需求，疫后将快速吸引大批入境游客到访。

中国国内旅游恢复措施也可为区域国际旅游恢复提供借鉴。伴随中国国内抗疫取得稳定性成效后，国内旅游业务逐步放开，尤其在恢复跨省旅游业务后，国内旅游市场进一步好转。国庆假期共接待6.37亿人次的国内游客，同比恢复了80%。“世界忙着游行，中国人忙着旅行”。对于同样采取早防控、严防控的国家和地区而言，这种国内旅游逐步放开的措施和经验完全可以在区域国际旅游市场上进行复制。事实上，我国各省市健康码互认与“旅行泡泡”的建设在本质上无异。

四、国际（旅游）组织积极行动，助推国际旅游恢复

（一）世界卫生组织为全球国际旅游恢复提供安全保障

世界卫生组织在此次全球抗疫过程中秉持科学公正立场，在第一线引领统筹全球的抗疫斗争。2020年1月初，在疫情暴发时，世界卫生组织启动了本组织全球技术网络，以收集有关该病毒的所有可用信息。1月30日，世界卫生组织拉响了最高警报，宣布将新型冠状病毒疫情列为国际关注的突发公共卫生事

件。此后，病例呈指数级增长，世界上每个国家都受到了影响。2 月，召开了世卫组织研发蓝图会议，来自世界各地的科学家和研究人员聚集一堂，确定了研究重点。制定了开发和公平分配诊断工具、治疗方法和疫苗的路线图。综合措施包括积极发现和隔离病例、追踪和隔离接触者、充分检测并提供适当临床医护。世卫组织于 4 月召集世界领导人，发起了“获取 COVID-19 工具加速计划”（ACT 加速计划），旨在加速开发、生产以及公平获得 COVID-19 监测工具、治疗方法和疫苗。WHO 所做的各项工作正在为各国的旅行政策及未来的国际旅游恢复提供旅行安全的根本依据。

（二）国际旅游组织为全球旅游提供应对方案

联合国世界旅游组织（UNWTO）针对如何应对疫情导致的旅游业发展危机问题专门成立了全球旅游危机委员会（GTCC），以指导旅游业应对 COVID-19 危机，并为未来的恢复和可持续增长奠定基础。疫情暴发以来，UNWTO 通过定期发布全球旅行限制信息、国际旅游最新数据以及全球各国扶持旅游业的措施概述，持续为各国旅游业提供必要的分析见解，以便其更好地了解和更有效地应对新冠疫情。UNWTO 还通过给出行动建议、制定技术援助方案、形成保护弱势群体的包容性对策、保护国际游客、发起 Travel Tomorrow 运动等系列措施进一步帮助各国旅游业更好地应对新冠疫情。并通过提供召开系列国际旅游会议来加强国际沟通，探讨国际旅游恢复的未来方向，增强从业者对国际旅游重启的信心。

世界旅游与旅行理事会（WTTC）同样通过各种报告的发布，为疫情下国际旅游的恢复出谋划策，如提出在全球主要城市之间建立“空中走廊”以恢复国际商务旅行，由此来推动全球经济复苏。另外，为重建公众对旅游的信心，保障公众安全出行，WTTC 推出了“平安出游”认证计划，方便旅客分辨已跟随 WTTC 全球卫生防疫指引的商户和旅游目的地，鼓励旅客“平安出游”到世界各地，从而加强全球旅游业界协作，实现全球旅游业的快速恢复。

区域性国际旅游组织亚太旅游协会（PATA）同样积极行动，通过信息的及时传递，为旅游部门找到应对方案提供数据和信息支撑。为此，PATA 启动了“PATA 危机资源中心”和“旅游业复苏晴雨表”来为成员提供所需的可靠信息，帮助他们在目前的疫情背景下找到应对方案。

（三）新冠疫情同样为国际旅游的未来提供新的机遇

国际航空运输协会（IATA）指出各国政府为疫情后的经济复苏投入了大量资金，这为航空业能源转型创造了机会。全球在疫情危机中“更好地重建”，应重点关注减少碳排放技术和 SAF 的投资，这将创造新的就业机会，并推动航空业朝着到 2050 年将航空排放量减少到 2005 年一半的目标取得进展。

世界旅游经济论坛（GTEF）指出疫情下的科技应用将重新定义旅游。提出通过人脸识别、数字钱包、虚拟货币、人工智能、大数据、物联网、虚拟实景，以及扩增实境等彻底改变旅游体验，特别是在交通和住宿方面的应用，使旅行变得更加无缝顺畅。同时，机器人技术带动非接触式服务大幅改善卫生状况，确保安全性并增强了公众出行的信心。

责任编辑：谯　洁
责任印制：冯冬青
封面设计：中文天地

图书在版编目（CIP）数据

2020年中国旅游经济运行分析与2021年发展预测 / 中国旅游研究院编. -- 北京 : 中国旅游出版社, 2021.3
ISBN 978-7-5032-6674-4

Ⅰ. ①2… Ⅱ. ①中… Ⅲ. ①旅游经济－经济分析－中国－2020②旅游经济－经济预测－中国－2021 Ⅳ. ①F592.3

中国版本图书馆CIP数据核字(2021)第036742号

书　　名：2020 年中国旅游经济运行分析与 2021 年发展预测

作　　者：中国旅游研究院编
出版发行：中国旅游出版社
（北京静安东里 6 号　邮编：100028）
http://www.cttp.net.cn　E-mail:cttp@mct.gov.cn
营销中心电话：010-57377108，010-57377109
读者服务部电话：010-57377151
排　　版：北京旅教文化传播有限公司
经　　销：全国各地新华书店
印　　刷：北京工商事务印刷有限公司
版　　次：2021 年 3 月第 1 版　2021 年 3 月第 1 次印刷
开　　本：787 毫米 ×1092 毫米　1/16
印　　张：6.75
字　　数：103 千
定　　价：48.00 元
I S B N　978-7-5032-6674-4